KB124260

잘난 놈
심리학

＊일러두기 | 본문의 특별한 표시가 없는 각주는 모두 옮긴이의 주이다.

잘난
놈
심리
학

로버트 A. 글로버 지음 ― 최한림 옮김

미래사

이 책은 음흉한 마음을 버리고 당당한 남자로 사는 법을 가르친다. 이기심이 없는 듯이 보이는 사이비 인격체 대신 진정한 자아를 찾자는 취지다.

이 책은 우리들이 사랑하는 여성들이 우리를 두려워하고 의심하는 것이 아니라 신뢰하고 존경하도록 만들어 준다. 또한 다른 사람에게 마음을 열고 싶어도 손해볼까 두려워 망설이는, 그러나 그래서는 안 된다고 생각하는 모든 남성을 위한 책이다.

짜임새 있게 쓰인 그의 글에는 지혜가 담겨 있으며 대단히 실용적이다.

모든 남성들의 필독서!

_**워런 패럴 박사**, 『남성의 힘의 신화』 저자

반세기에 걸쳐 사회가 급변하고 전통적 가족 구조가 크게 바뀌면서 남의 눈치나 보도록 길들여진 남자들이 태어나게 되었다.

이들을 '선남'[01]이라 부르자.

선남의 관심은 외모 관리와 '올바른' 행동에 있다. 이들은 타인을 만족시키는 데서 최대의 기쁨을 느낀다. 선남은 마치 역병 환자라도 보듯이 마찰을 피하려 들고 타인의 비위를 건드리지 않기 위해 무진 애를 쓴다. 종합적으로 말해 선남은 온순하고 관대하다. 특히 여자들의 비위를 맞추는 데 신경을 많이 쓰며 다른 남자들과의 차별성을 유지하려고 신경 쓴다. 요컨대 선남은 자기만 착하게 살고, 베풀고, 남을 배려하면 그 대가로

---

01 원문의 'nice guy'는 물론 착한 사람이라는 뜻 외에도 여러 가지로 번역될 수 있다. 괜찮은 사람, 좋은 사람, 근사한 사람, 멋진 사람, 훌륭한 사람, 친절한 사람, 점잖은 사람 등등. 그러나 이 책에서 말하는 'nice guy'는 결코 그런 식의 훌륭한 사람이 못 된다. 저자는 이 용어를 정신과 치료 대상이 되는 일종의 정신병 용어로 규정해 사용하고 있으나 아직 학계에서 정식 인정된 것은 아니어서 이미 통용되고 있는 번역 용어도 없다. 그런 점을 두루 고려하고 이 책에 등장하는 남성들의 특성을 대변한다고 볼 수 있는 '선량한 남자'를 줄인 '선남'이라는 단어가 본문의 뜻에 가장 접근해 있다고 옮긴이 나름대로 판단했다.

행복과 사랑과 성취감이 돌아올 것이라고 생각한다.

그렇게 좋은 것이 사실일 수 있을까?

물론 그럴 리 없다.

나는 정신과 의사로 일하면서 지난 몇 해 동안 수없이 많은 선남들이 좌절하고 분노하는 것을 지켜봐 왔다. 그들은 그토록 갈망하고 느껴야 마땅하다고 믿는 행복을 체험하고 싶어 몸부림치지만 뜻대로 되지는 않는다. 그들이 그처럼 좌절을 겪는 것은 선남들은 한 가지 통념을 사실로 받아들여 왔기 때문이다.

그 통념이야말로 선남 신드롬의 전부라고 하겠다. 선남 신드롬이란, '착하게'만 살면 여자로부터 사랑받고 필요한 것을 충족하며 아무 문제없는 순탄한 인생을 살게 될 것이라고 생각하는 증세를 말한다. 그런 인생 전략이, 실제로 흔히 그렇듯이, 소기의 성과를 달성하지 못할 경우 선남은 통상적으로 좀 더 분발해야겠다는 생각에서 같은 짓을 되풀이하게 된다. 그런 패턴에서는 반드시 무력감과 분노를 느끼게 마련인지라 우리는 선남이 실은 착한 사람과는 거리가 먼 경우를 흔히 보게 된다.

내가 선남 신드롬을 연구하게 된 것은 내 딴에는 '올바른' 일을 한다고 해도 그 대가로 당연히 돌아와야 할 것이 없는 데서 느끼는 좌절감이 한 가지 이유였다. 나는 전형적인 '예민한 뉴에이지 시대 남성'이었고 그 사실에서 자부심을 느꼈다. 나야말로 정말 보기 드문 선량한 남자라고 생각했다. 그럼에도 불구하고 행복하다는 생각은 결코 들지 않았다. 남을 뒷바라지하고, 어떤 대가를 바라면서 베풀고, 남의 문제를 해결해 주고, 남들과 평온한 상태를 유지하고, 마찰을 피하고, 남들로부터 인정받으려 들고, 실수를 감추는 등등 선남들의 행태를 연구하면서 나를 찾아오는 환자들 중에서 나와 비슷한 특징을 가진 사람들을 관찰하기 시작했다. 나의 인생을 이끌어 가는 어떤 각본이 있다면 그것은 세상과 무관한 별개의 것이 아니라 수많은 성인 남성들에게 영향을 미친 어떤 사회적 동력의 결과라는 생각이 머릿속에 떠올랐다.

지금까지는 선남 신드롬 문제를 본격적으로 연구하거나 효율적이며 포괄적인 해결책을 제시한 전문가가 거의 없다. 선남 신드롬과 관련해 정신건강의학 분야에서 내가 발견한 가장 최초의 자료는 1985년 닐 스콧이 녹음한 테이프다. 그 테이프의 제목은 '착한 남자들은 왜 여자들의 마음을 얻지 못하는가'이다. 선남이나 선남 신드롬에 대한 대부분의 기타 자료는 이 문제를 장난조로 다루거나 선남은 무기력한 희생자일 뿐이라는 시각에서 접근했다. 그래서 나는 이 책을 써야겠다는 생각을 하기에 이르렀다.

이 책은 선남들에게 어떻게 하면 남의 눈치를 보지 않고 사랑과 섹스와 인생에서 원하는 것을 얻을 수 있는지 알려준다. 이 책에는 남자들이 선남 신드롬이라는 쓸모없는 패턴으로부터 벗어나도록 돕는, 효능이 이미 입증된 계획이 들어 있다. 그 신드롬에서 탈피한 나 자신의 체험과, 지난 20년 동안 수많은 선남들과 부대끼며 연구한 결과를 토대로 삼았다.

이 책 『잘난 놈 심리학』은 뻔뻔스러울 정도로 남성 위주적이다. 그렇지만 수많은 여성이 이 책의 글에 박수를 보내왔다. 그 글을 꾸준히 읽는 여성들은 덕분에 선남 파트너를 이해하는 데 도움이 됐을 뿐 아니라 자기 자신에 대해서도 새로운 성찰을 할 수 있었다고 내게 말했다. 『잘난 놈 심리학』에 소개된 정보와 도구는 효험이 있다. 이 책을 읽는 독자가 현재 좌절감에 빠져 있는 선남이라면 다음 페이지에 나와 있는 원칙들이 인생을 바꿔 줄 것이다. 독자 여러분은,

- 필요한 것을 충족하는 효율적 방법을 배우고
- 힘과 자신감을 느끼게 되며
- 진정으로 원하는 친밀한 관계를 맺을 수 있고
- 생각과 감정을 표현하는 법을 배우며
- 만족스럽고 신나는 성생활을 즐기게 되고
- 자신이 남성이라는 점을 받아들여 다른 남자들과 좋은 관계를 구축하게 되며
- 잠재력에 어울리는 생활을 하고 창의력과 생산력을 발휘하게 되며
- 자신의 모습을 있는 그대로 받아들이게 된다.

　위에 열거한 말들이 근사하게 들리는 사람은 이제 막 선남 신드롬에서 탈출하는 여행을 떠나는 열차에 올라탄 것이다. 이제 남의 눈치는 그만 보고 사랑과 섹스, 그리고 인생에서 원하는 것을 얻으러 떠나자.

차례

Chapter 09 **원하는 삶을 찾아라**

선남 신드롬

선남신드롬

"난 선량한 사람입니다. 나같이 선량한 사람 만나기도 쉽지 않을 겁니다."

30대 중반의 척추 교정사 제이슨은 위와 같은 말로 첫 상 담을 시작했다. 그는 자신의 인생이 완벽하다고 말했다. 다 만 한 가지, 성생활이 큰 문제였다. 아내 헤더와 여러 달째 잠 자리를 같이 하지 못했으며 조만간 달라질 기미도 보이지 않 았다.

제이슨은 결혼생활에 대해, 가족에 대해, 그리고 성생활에 대해 솔직하게 털어놓았다. 붙임성이 좋은 그는 자신의 생활 에 대해 속마음을 털어놓을 기회가 생겨 개운한 듯한 표정이 었다.

제이슨은 무엇보다도 다른 사람들로부터 사랑받고 싶어

했다. 그는 자기가 대단히 속이 넓고 베풀기 좋아하는 성격이라고 생각했다. 감정의 기복이 그리 심하지 않으며 무슨 일이 있어도 화를 내지 않는 성격이라고 자부했다. 다른 사람들을 기쁘게 만들어 주는 것을 좋아하고 마찰 일으키는 것을 싫어했다.

특히 아내와 마찰이 빚어지는 사태를 피하기 위해 감정을 자제하고 매사를 '올바르게' 하려고 애쓰는 편이었다.

제이슨은 그런 식으로 자기소개를 하고 난 뒤 호주머니에서 종이 한 장을 꺼내 펼쳤다. 그러면서 혹시라도 잊어버릴까 싶어 적어 온 것이 있다고 말했다.

"나는 뭐든 제대로 하는 적이 없습니다." 제이슨은 적어 온 리스트를 훑으며 말을 시작했다.

"내가 아무리 열심히 해도 헤더는 뭔가 꼭 트집을 잡죠. 이런 식으로 대접받는 게 억울해요. 나는 훌륭한 남편과 아빠가 되려고 노력하지만 아무리 애써도 합격점에 도달하지 못한답니다."

제이슨은 잠시 말을 멈췄다.

"오늘 아침이 좋은 예가 되겠군요." 그의 말이 이어졌다. "헤더가 출근 준비를 하는 동안 나는 우리 아이 첼시를 깨워서 아침을 먹이고 목욕을 시켰어요. 아이의 외출 준비를 끝낸 다음 내 차례가 됐죠. 그때 헤더가 들어오더니 그 특유의 표정을 짓는 거예요. 또 시작이구나…… 하는 생각이 들더군요. '애한테 입힌 옷이 그게 뭐예요? 아주 자알 고르셨군요.'"

제이슨은 아내의 말투를 흉내 내며 말했다.

"난 헤더가 첼시에게 다른 옷을 입히고 싶어하는 줄 몰랐어요. 오늘 아침에 딸 외출 준비를 하느라 궂은일을 다했는데도 난 여전히 잘못하고 있는 거예요."

제이슨의 말이 이어졌다.

"그게 끝이 아닙니다. 일전에는 주방을 청소하는 등 정말 열심히 일했죠. 식기세척기에 접시를 다 집어넣었고, 취사도구도 다 닦았고, 바닥 청소도 했어요. 헤더가 나의 정성에 감동할 줄 알았죠. 그런데 내가 다 끝내기도 전에 주방에 들어오더니 대뜸 '카운터는 왜 안 닦는 거예요'라고 하는 거예요. 세상에, 청소나 다 끝낸 뒤 그런 소리를 들었으면 또 몰라요. 내가 애써 해놓은 것을 보고 고마워하기는커녕 아직 다하지도 않은 일을 갖고 꼬투리를 물고 늘어지더라고요."

제이슨의 말이 계속 이어졌다.

"'섹스 문제'도 빼놓을 수 없죠. 우리 부부는 둘 다 기독교인이기 때문에 혼전 성 경험이 많지 않았어요. 나는 섹스를 매우 중요하게 생각하는데 헤더는 관심이 없는 거예요. 일단 결혼만 하면 신나는 생활이 될 줄 알았어요. 내가 헤더를 위해 그 많은 공을 들였으니 그녀도 내게 좋아하는 것 한 가지쯤은 줘야 되는 것 아닌가요?"

이제 제이슨은 아예 통사정조로 나왔다.

"나는 보통 남자들보다 훨씬 더 노력하는 편이에요. 하지만 늘 주는 것에 비해 얻는 것이 형편없다는 생각을 하고 삽니다. 내가 원하는 것은 사랑받고 인정받는 게 답니다. 그게 지나친 요구인가요?"

진짜 선량한 남자들

제이슨 같은 남자들이 놀랍게도 수시로 나를 찾아온다. 이들은 외모도 다양하고 체격도 다양하지만 공통된 기본적 세계관을 갖고 있다. 몇 사람을 더 소개하겠다.

오마르

오마르의 인생 목표 첫째는 애인의 비위를 맞추는 것이다. 그럼에도 불구하고 그녀는 그가 자신의 감정을 맞출 줄 모른다고 불평한다. 실은 그의 과거 애인들이 모두 그런 불만을 토로했다. 그러나 오마르는 모든 것을 애인에게 바치는 기분으로 살기 때문에 그런 불만이 도대체 이해가 되지 않는다. 그는 다른 사람들을 기분 좋게 만들어 주는 데서 최고의 기쁨을 느낀다고 말한다.

토드

토드는 여자들을 무시하지 않는 마음으로 진실하게 대한다고 자부한다. 그런 성격 때문에 자신은 다른 남자들과 구별되며 따라서 여자들의 관심을 끌어야 마땅하다고 생각한다. 그에게는 여자 친구가 많이 있지만 데이트는 자주 하지 않는 편이다. 그는 여자 친구들로부터 남의 말을 잘 들어준다는 말을 듣는다. 그 여자 친구들은 고민이 있을 때 자주 그를 불러 상담한다. 그는 자기를 필요로 하는 사람이 있다는 사실이 즐겁다. 이 여자 친구들은 평소 그에게 누가 될지는 몰라도 그와 결혼하는 행운녀는 정말이지 '봉'을 잡는 거라는 이야기를 자주 한다. 그는 그처럼 여자들에게 잘해 주는 데도 불구하고 여자들은 왜 자기 같은 선남은 놔두고 얼간이 같은 녀석들한테 마음을 빼앗기는지 도무지 이해할 수 없다.

빌

사람들은 뭔가 필요한 것이 있을 때 빌을 찾는다. 그의 사전에는 '싫다'는 말이 없다. 교회에 가서는 여신도들의 차를 고쳐 준다. 아들의 리틀리그 야구팀에서는 코치로 일한다. 친구들은 이사 갈 때 그를 찾아온다. 그는 퇴근 후 하루도 빼놓지 않고 홀로 사는 어머니를 찾아가 돌봤다. 이처럼 즐거운 마음으로 남을 돕지만 그들로부터 베푸는 것만큼 돌려받는 것 같은 느낌은 들지 않는다.

게리

게리의 아내는 툭하면 신경질을 부리면서 그에게 온갖 욕설을 퍼붓는다. 게리는 마찰을 두려워하고 공연히 사단을 일으키고 싶지 않아서 되도록 아내의 비위를 건드릴 만한 이야기는 하지 않으려고 애쓴다. 부부싸움이 끝난 뒤에도 늘 그가 먼저 사과한다. 그는 아내로부터 잘못했다는 말을 들어 본 기억이 전혀 없다. 이처럼 끊임없는 갈등 속에 살면서도 그는 아내를 사랑하며 그녀를 기쁘게 해주기 위해 무슨 일이라도 하겠다고 말한다.

릭

40대 초반의 동성연애자 릭은 알코올 중독자와 사랑하는 사이다. 릭은 현재 섹스 파트너인 제이의 음주 문제를 상담하러 나를 찾아왔다. 무슨 일이든 자기가 책임져야 한다는 사실이 못마땅한 듯했다. 만일 제이가 술을 끊게 할 수만 있다면 늘 원해 왔던 관계가 가능해질 것이라는 희망을 품고 있었다.

라일

독실한 기독교 신자인 라일은 매사를 제대로 하려고 애쓴다. 현재 교회 장로이며 주일학교를 맡아 아이들을 가르치고 있다. 그러나 사춘기 때 빠져들던 포르노 세계에서 아직도 헤어 나오지 못했다. 수시로 자위를 하지 않고는 못 배긴다. 때로는 하루에 서너 번씩 하는 경우도 있다. 매일 몇 시간씩 인터넷 포르노 사이트를 돌아다니며 시간을 보낸다. 혹시 누가 이런 사실을 알게 되면 인생이 파탄 날까봐 두렵다. 기도와 성경 공부로 이 문제를 절제하려고 애도 써봤지만 별 효과는 거두지 못했다.

호세

30대 후반의 비즈니스 컨설턴트인 호세는 지난 5년 동안 가난하고 의지할 데 없는 한 여인과 성관계를 맺어 왔다. 그녀가 짐을 싸들고 그의 집에 들어온 첫날부터 관계를 끝내야겠다는 생각을 품었다. 그러나 그럴 경우 그녀의 생계가 어떻게 되겠는가 하는 걱정이 앞섰다. 그동안 몇 차례 갈라서려고 해봤지만 동거녀의 처지가 너무나 불쌍해 보여 하는 수 없이 지금도 함께 살고 있다. 호세는 지금도 어떻게 하면 그녀에게 상처를 주지 않고, 또 얼간이처럼 보이지 않으면서 관계를 청산할 수 있을까 하는 생각에 잠겨 있다.

이들은 누구인가?

이들은 제각기 개성이 뚜렷하지만 한 가지 공통된 인생 신조가 있다. 한결같이 선량하게 살고 매사를 올바르게 하면 남들로부터 사랑받고 필요한 것을 충족하며 순탄한 인생을 살 수 있을 것이라고 생각하는 것이다. 이처럼 좋은 사람이라는 인상을 심으려다 보면 반드시 실수나 욕구, 또는 감정 등 자기 자신에 관한 어떤 면들을 없애버리거나 감추려 들게 마련이다. 또 남들이 자신에게서 관대하고 유능하며 온화한 사람의 모습을 기대한다고 생각하고 그런 사람이 되려고 애쓰게 된다.

나는 이런 남자들을 선남이라고 부른다.

지금까지 우리는 선남에 대해 별로 관심을 기울이지 않았지만 그런 남자들은 사방에서 볼 수 있다.

그는 아내에게 주도권을 빼앗기는 남편이다.

그는 친구를 위해서라면 무엇이든 할 수 있지만 정작 자신의 생활은 엉망이기 마련이다.

그는 마찰을 두려워해 아무것도 해결해 놓은 일이 없기 때문에 아내나 애인을 좌절에 빠뜨리는 남자다.

그는 한 부하직원에게는 그가 듣고 싶어하는 말을 하고 다른 부하직원에게는 입장을 바꿔 또 다른 소리를 하는 상관이다.

그는 공연히 풍파가 일어나는 것을 겁내 사람들이 자신을 짓밟아도 가만있는 사람이다.

그는 교회나 클럽에서 남에게 '안 된다'는 말을 하는 적이 없는 의존형 인간이며 남이 자기를 이용해 먹어도 아무 소리 못 하는 남자다.

그는 인생이 본인의 뜻대로 잘 정돈돼 있는 사람처럼 보이지만, 어느 날 꽝! 그 모든 것을 파괴하는 짓을 저지르게 된다.

선남들의 특성

선남들은 각자 독특하지만 그래도 여러 가지 비슷한 성격이 있다. 그 성격들은 그들의 인생을 이끌어 가는 어떤 각본에 따라 흔히 어릴 때 형성된다. 다른 남자들도 이런 성격을 한두 가지씩은 갖고 있을 수 있지만 선남들은 상당히 많이 갖고 있다.

선남은 남에게 뭔가 주기를 좋아한다. 선남은 흔히 남에게 주는 행위에서 기쁨을 느낀다고 말한다. 이들은 너그러움은 자기가 얼마나 좋은 사람인지를 말해 주는 증거이고 그 때문에 다른 사람들이 자기를 사랑하고 고마워할 것이라고 생각한다.

선남들은 해결사를 자처하고 남을 배려한다. 어떤 사람이 문제에 봉착하거나, 필요로 하는 것이 있거나, 또는 화가 나 있거나 의기소침해 있거나 슬픔에 잠겨 있을 경우 선남은 종종 그런 상황을 해결하려는 시도를 한다. 대체로 부탁받은 것도 아닌데 스스로 나서서 그렇게 한다.

선남은 다른 사람으로부터 인정받고자 한다. 선남 신드롬의 보편적 특성 한 가지는 남들로부터 인정받으려 한다는 것이다. 선남의 모든 언행에는 타인의 승인을 얻거나 또는 그 반대의 경우를 피하려는 계산이 어느 정도 들어 있다. 특히 여자들과의 관계에서 이런 현상이 더욱 심하다.

선남은 마찰을 피한다. 선남은 마찰 없는 세상을 원한다. 그러기 위해 공연한 평지풍파를 일으키거나 타인의 기분을 상하게 할 일을 하지 않는다.

선남은 자신의 결함이나 실수를 숨겨야 된다고 생각한다. 실수나 단점이 드러날 경우 다른 사람들이 자신에게 화를 내거나, 망신을 주거나, 또는 곁을 떠날지도 모른다고 걱정한다.

선남은 일 처리의 '올바른' 방법을 찾는다. 이들은 순탄하고 행복한 삶을 사는 데는 한 가지 중요한 것이 있다고 생각한다. 매사를 처리하는 올바른 방법을 찾아내기만 하면 잘못되는 일은 없을 것이라고 확신한다.

선남은 감정을 억누른다. 선남은 느끼기보다는 분석하는 경향이 있다. 감정은 시간과 에너지의 낭비라고 생각할 수도 있다. 이들은 평정심을 유지하려고 애쓴다.

선남은 흔히 아버지와는 다른 사람이 되려고 애쓴다. 많은 선남들이 아버지의 얼굴을 제대로 보지 못하는 등 아버지의 사랑을 받아 보지 못하고 자랐거나 알코올 중독에 걸린 아버지 밑에서 자랐다고 말한다. 그들이 인생의 어느 시점에서 아버지와는 완전히 다른 인간이 되겠다고 결심하는 것은 하나도 이상한 일이 아니다.

선남은 통상적으로 남자들과의 관계보다는 여자들과의 관계에 편안함을 느낀다. 어린 시절의 성장 여건 때문에 동성 친구가 많지 않은 선남을 많이 볼 수 있다. 선남은 흔히 여자들로부터 인정받으려 하고 자신은 다른 남자들과 다르다는 생각을 품는다. 이기적이지 않고 화도 잘 내지 않으며 남을 괴롭히지도 않는다고, 바꿔 말해 다른 남자들과는 다르다고 생각한다.

선남은 자신의 필요 충족을 최우선으로 삼지 못한다. 이들은 종종 자신이 필요로 하는 것을 충족하는 것은 이기적이라고 생각한다. 그리고 자기보다 타인이 필요로 하는 것을 먼저 충족시켜 주는 것이 미덕이라고 생각한다.

선남은 흔히 파트너를 감정 축으로 삼는다. 많은 선남들이 파트너가 만족해야만 자기도 만족할 수 있다고 말한다. 따라서 이성과의 관계에 엄청난 에너지를 쏟아 붓는다.

선남이 되겠다는데 뭐가 잘못인가?

우리는 선남 신드롬의 문제를 가급적 축소하고픈 유혹을 받는다. 아니, 착하게 살아 보겠다는 것이 그렇게 나쁜 일일 수 있는가? 우리는 만화책이나 TV 시트콤에 등장하는 선남들이 마빈 밀퀘토스트Marvin Milquetoast[02] 같은 행동을 하는 것을 보며 낄낄거릴 수 있다. 미국 문화에서 남성은 이미 만만한 봉이 됐기 때문에 예민한 남자를 만화 주인공으로 삼으면 불쌍하다는 생각보다는 재미있다는 생각부터 든다.

선남은 흔히 자신의 생각이나 행동이 얼마나 심각한 문제가 되는지를 잘 이해하지 못한다. 내가 처음 선남에 관한 연구를 시작했을 때 그들은 거의 예외 없이 이렇게 물었다. "선남이 되겠다는데 뭐가 문제죠?" 이 책을 집어 들고 제목에 궁금증을 느낀 독자 여러분도 아마 마찬가지 생각을 할 것이다.

내가 이런 남자들에게 선남이라는 딱지를 붙인 것은 그들의 실제 행동을 가리킨 것이 아니라, 자신과 자신의 주변 세상에 대한 핵심 사고체계를 가리킨 것이다. 이들은 '착하게' 살기만 하면 사랑받고 필요한 것이 충족되고 순탄한 삶을 살 수 있을 것이라고 믿으며 살아왔다.

---

02 겁쟁이 만화 주인공의 이름.

선남이라는 단어는 사실 옳은 표현이 아니다. 선남들은 선한 것과는 거리가 먼 경우가 많으니 말이다. 선과는 거리가 있는 선남들의 특성 몇 가지를 알아보자.

선남은 부정직하다. 실수를 숨기고, 마찰을 피하고, 사람들이 듣고 싶어하는 말만 하고, 자신의 감정을 억누른다. 그런 특성 때문에 선남은 기본적으로 부정직하다.

선남은 음흉하다. 워낙 남의 눈치를 보는 성격이기 때문에 다른 사람의 기분을 상하게 만들 소지가 있는 요인은 뭐든 감추려 든다. 선남들의 인생 신조는 '처음에 성공하지 못하면 증거를 감춘다'는 것이다.

선남은 서랍형 사고에 능하다. 자신에 관한 정보를 마음속의 별도 공간에 따로따로 저장함으로써 상이한 정보를 조화시키는 일에 능숙하다. 따라서 부정不貞의 정의를 자기 마음대로 내려놓고 비서(또는 수습사원)와의 불륜 관계를 부인하는 유부남이 나온다. 그녀의 질 속에 성기를 삽입하지 않았다는 점을 근거로 내세우면서.[03]

선남은 잔꾀를 굴린다. 자신의 필요 충족을 최우선으로 내세우지 못한다. 또 원하는 것을 명확하게 직접적으로 요구할 줄도 모른다. 따라서 늘 무력감을 느끼며 살게 된다. 그들은 흔

---

[03] 다 아는 이야기겠지만 빌 클린턴 전 미국 대통령을 비꼰 것이다.

잘난 놈 심리학

히 필요한 것을 충족하기 위해 잔꾀에 의존한다.

선남은 통제하려 든다. 선남의 최우선 과제는 세상이 순탄하게 돌아가도록 만드는 것이다. 그 때문에 항상 주변 사람이나 사물을 통제할 필요성을 느낀다.

선남은 얻기 위해 베푼다. 흔히 남에게 베풀기를 좋아하지만 그 같은 너그러움의 저변에는 말은 안 하지만 은연중의 조건들이 달려있다. 고맙다는 소리를 듣고 싶어 하고, 그에 상응하는 그 무엇을 바라며, 자신에게 화를 내던 사람이 더 이상 화를 내지 않기를 바라는 것이다. 선남은 주는 것은 많은데 받는 것은 별로 없기 때문에 늘 불만스럽다고 말한다.

선남은 수동적-공격적 Passive-aggressive**04이다.** 불만과 짜증을 간접적으로, 우회적으로, 그다지 좋지 않은 방법으로 표출한다. 남에게 시간을 내주지 않거나, 약속을 잊어버리거나, 약속에 늦게 나타나거나, 일을 제대로 추진하지 않거나, 발기勃起가 되지 않거나, 지나친 조루早漏나, 다시는 그러지 않겠다고 약속해 놓고도 짜증나는 행동을 되풀이하는 것들이 모두 이에 해당한다.

---

04 '수동적-공격적'이라는 이 이상한 용어는 '적극적으로 저항하지 않고 소극적으로 저항하는 성격장애' 말한다. 시키는 일이 하기 싫어 게으름을 피운다거나, 화가 났을 경우 하루 종일 말을 안 한다거나, 마음에 들지 않는 요구를 받았을 때 샐쭉거린다거나, 거짓 핑계나 변명을 대는 등의 행위를 말한다.

선남은 잔뜩 화가 나 있다. 흔히 자신은 화를 내는 법이 없다고 말하지만 실은 평생 참아 온 불만과 짜증이 쌓이고 쌓여 폭발 직전의 압력솥과 마찬가지다. 그 분노는 타당한 이유도 없이 보이는 시점에서 느닷없이 폭발하는 경향이 있다.

선남은 중독 증세가 있다. 중독성이 있는 행동들은 스트레스 해소와 기분 전환, 또는 통증 치료 등에 유용하다. 마음속에 워낙 많은 것을 담아 두고 있기 때문에 그것이 어디론가 분출돼야만 한다. 선남이 택하는 가장 흔한 중독성 행위는 성 강박증이다.

선남은 한계를 설정할 줄 모른다. 많은 선남들이 '안 된다'거나 '그만하라'거나 '나는 생각 없다'는 등의 거절성 표현을 잘 못한다. 흔히 자신이 무기력한 희생자가 됐다는 피해의식에 사로잡혀 있고 그런 문제 원인이 다른 사람들에게 있다고 생각한다.

선남은 흔히 '왕따' 당한다. 사람들로부터 사랑받고 싶어하지만 특유의 행동들 때문에 사람들이 가까이 다가가기가 쉽지 않다.

선남은 흔히 문제가 있는 사람이나 사물에 이끌린다. 이런 행동은 어린 시절의 성장 여건에서 다시 말해 남에게 잘 보이려고 애쓰거나 남의 눈치를 보던 버릇에서 유래한다. 유감스럽게도 이런 경향 때문에 선남은 사태를 수습하고 위기를 관리하는 일에 대부분의 시간을 보내게 된다.

선남은 친밀한 관계를 구축하지 못한다. 타인과의 친밀한 관계를 몹시 중시하지만 그 친밀한 관계가 오히려 갈등과 좌절의 원인이 되는 경우가 많다. 예를 들어보면,

- 선남은 흔히 자신을 방어할 방법이나 다른 사람의 문제를 해결할 방도를 궁리하느라 너무 바빠 남의 말에 귀를 기울이지 않는다.
- 선남은 마찰을 두려워하기 때문에 솔직하지 못한 경우가 많으며 한 가지 문제를 끝까지 처리하지 못한다.
- 선남은 무슨 '프로젝트'를 추진하는 기분으로, 또는 '다이아몬드 원석'을 가공하는 기분으로 파트너를 사귀는 경우가 많다. 그 프로젝트가 생각대로 제대로 되지 않으면 파트너가 행복을 가로막고 서 있다고 비난하기 쉽다.

선남은 성생활이 원만하지 못하다. 대다수 선남은 성생활에 아무 이상이 없다고 말하지만 내가 만난 선남들은 한결같이 성생활에 만족하지 못하거나 성기능의 저하로 고생하거나(발기부전, 조루), 성적 환상을 실현에 옮기는 짓(불륜, 윤락 행위, 포르노 감상, 강박적 자위행위 등)을 했다.

선남은 대체로 상대적 성공으로 그친다. 내가 만나 본 선남들은 절대 다수가 유능하고 지적이며 비교적 성공한 인생들이

었다. 그러나 거의 예외 없이 자신의 잠재력에 훨씬 못 미치는 수준에서 그치고 말았다.

그러나 그는 아주 선량한 사람 같던데

잘 모르는 사람들의 입장에서는 점잖고 붙임성이 있으며 아량도 있어 보이는 선남을 보고 건강한 남자로 착각하기 쉽다. 많은 여성들이 선남을 처음 만나는 순간 그동안 보아 오던 다른 남자들과 다르다는 느낌을 받기 때문에 정말 괜찮은 사람이라는 생각을 하게 된다.

그러나 유감스럽게도 위에 열거한 부정적 특징들이 선남의 삶과 대인관계에 조금씩 스며들게 마련이다. 결과적으로 선남은 선량한 사람과 선량하지 못한 사람 사이에서 왔다갔다하는 경향이 있다. 나는 수많은 가정주부, 파트너, 애인들로부터 선남에게는 지킬 박사와 하이드 씨 같은 속성이 있다는 이야기를 들어 왔다.

"그는 아주 자상하기도 하고 몹시 잔인하기도 해요. 내가 특근을 하는 날에는 저녁상을 차리는 등 자질구레한 일들을 대신다 해줘요. 그러나 아닌 밤중에 홍두깨 격으로 느닷없이 내가 자신의 잠자리 욕구를 만족시켜 주지 못한다고 짜증을 내죠."

"사람들은 모두들 그가 대단한 남자이고 내가 그와 결혼한 것은 정말 행운이라고 생각하죠. 그러나 그의 참모습을 몰라서 하는 소리예요. 그는 다른 사람들의 자동차가 고장 난다든가 하는 뭔가 아쉬운 일이 있을 때는 꼭 나서서 도와주죠. 내가 무슨 일 좀 해달라고 부탁하면 자기는 나를 행복하게 만들어 줄 능력이 없다고 말하고 또 내가 자기 엄마처럼 사람을 닦달하고 지배하려 든대요."

"그는 늘 내 비위를 맞추려고 애써요. 나를 위해서는 무슨 일이든 하지만 정작 필요할 때는 그 자리에 없죠. 싫어하면서도 나와 함께 쇼핑을 갑니다. 그러면서 내내 뚱한 얼굴로 아무 말 안 하죠. 그것이 여간 불편한 게 아니에요. 그이가 때로는 '싫다'고 솔직히 말해 줬으면 좋겠어요."

"그는 어떤 고민거리가 있어도 제게 절대 말하지 않아요. 혼자서 끙끙대며 폭발 직전의 압력솥 상태까지 가죠. 나는 그가 고민을 하는지 안 하는지 전혀 감도 못 잡고 있는 거예요. 그러다가는 느닷없이 벌컥 화를 내면서 대판 싸움이 벌어지죠. 무슨 속상한 일이 있을 때 내게 말을 해주기만 해도 일이 훨씬 쉬워질 거예요."

"내가 고민거리를 털어놓으면 그이는 도와주려고 애쓰죠. 내가 자기 하라는 대로만 하면 모든 문제가 해결될 거라고 생각해요. 늘 내가 부정적으로만 생각하기 때문에 자기는 나를 만족시켜줄 수가 없다는 거예요. 난 그이가 내 말을 끝까지 들어주기만 한다면 더 이상 바랄 게 없어요."

"그동안 하도 이상한 사람들만 만나 왔기 때문에 마침내 믿을만한 근사한 남자를 만났다고 생각했어요. 결혼 5년차에 들어와 비로소 그가 포르노에 중독되었을 뿐 아니라 엿보기를 좋아하는 성격까지 있다는 사실을 알게 됐어요. 내 인생은 끝났어요. 이런 일이 있으리라고는 상상도 못했는데."

"마술 지팡이를 휘둘러서 그의 장점들은 남겨 두고 단점들만 모조리 날려 버리고 싶어요."

융화된 남성

50대 초반의 호남아 길은 '선남은 이제 그만' 치료 그룹에 등록한 뒤 자기 아내가 이 그룹에 등록하는 것에 찬성했다고 고백했다. 그러나 그룹의 명칭만으로 볼 때는 마치 '선남으로 살던 시절은 끝내고 개차반이 되는 방법'을 가르치는 곳 같기 때문에 그녀가 화를 내지 않을까 속으로 은근히 걱정하고 있었다. 길은 선남들의 전형적인 논리를 이용해 세상에 어떤 여자가 자기 남자가 '착하게 살지 않는' 방법을 교육받는 데 찬성하겠느냐고 말했다.

선남은 흑백의 이분법적 사고를 하는 경향이 있다. 그들이 생각할 때 착하게 사는 것의 반대는 '나쁜 놈'이 되거나 '얼간이'가 되는 것이다. 나는 선남들에게 미친 것의 반대는 여전히 미친 것이라는 점을 납득시키면서 '얼간이'가 되는 것이 답은 아니라고 말한다.

선남 신드롬을 치료하는 것은 어느 한 극단에서 다른 극단으로 가는 것이 아니다. 쓸모없는 선남 패턴에서 벗어나는 과정에 반드시 '착하게 살지 않는' 방법이 포함돼야 할 이유는 없다. 차라리 그 과정은 '융화'의 길로 가는 것이라 할 수 있다.

융화된다는 것은 자기 자신의 모든 측면을 수용할 수 있게 된다는 것이다. 융화된 남성은 자신을 독특하게 만들어 주는 모든 것을 포용할 수 있다. 힘, 고집, 용기, 정열, 그리고 결함들, 실수들, 어두운 측면 등등.

융화된 남성에게는 다음과 같은 특성이 있다.

- 자기 인식이 강하다. 자기 본연의 모습에 만족한다.

- 자기 책임 아래 자신의 필요를 충족한다.

- 자신의 남성적 능력과 성적 능력에 만족한다.

- 성실하다. 편안한 길이 아니라 올바른 길을 간다.

- 리더가 된다. 자신이 돌보는 사람들에게 도움을 제공하고 그들을 지켜줄 용의가 있다.

- 명쾌하고 직접적이며 자신의 감정을 표현한다.

- 굳이 남의 일에 나서거나 해결사를 자처하지 않으면서도 타의 모범이 되고 베풀 수 있다.

- 한계를 설정할 줄 알고 필요하다면 마찰도 감수한다.

융화된 남성은 완벽을 지향하느라 애쓰지도 않고 남들로부터 인정받으려고 애쓰지도 않는다. 대신 결점도 숨기지 않고 자신의 있는 모습 그대로를 받아들인다. 융화된 남성은 자신이 철저하게 불완전하다는 것을 받아들인다.

선남에서 융화된 남성으로의 전환이 단순히 좋은 사람이 되기 위해 좀 더 열심히 노력하는 것만으로 되는 것은 아니다. 선남 신드롬에서 완전히 벗어나려면 자신과 세계를 완전히 다르게 바라보는 시각을 수용하고 개인 패러다임을 철저히 바꿔야 한다. 그 점을 알아보자.

패러다임

패러다임이란 우리가 인생 여행에 사용하는 도로 지도다. 세상 사람 모두가 이 지도를 사용하고 있으며 모두들 자신이 사용하는 지도가 최신의 정보를 담고 있으며 정확하다고 가정한다.

이 패러다임들은 흔히 무의식 차원에서 작용하지만 그럼에도 불구하고 우리의 태도와 자세에 상당한 영향을 미친다. 패러다임은 우리의 인생 체험을 가공하는 필터 역할을 한다. 우리의 패러다임들에 맞지 않는 자료는 추려지고 의식에 전달되지 않는다. 우리의 패러다임들에 맞는 정보는 이 과정에 의해 확대되면서 그런 특정한 사고방식에 더욱 큰 힘을 실어 준다.

패러다임은 도로 지도처럼 여행의 속도를 올리는 데 매우 유용한 도구다. 안타깝게도 그 지도가 낡거나 정확하지 않다면 우리를 그릇된 방향으로 인도하거나 쓸데없이 같은 동네만 빙빙 돌게 만들 수 있다. 그런 일이 벌어지면 우리는 점점 더 당황하면서 원하는 방향을 찾기 위해 더욱 애를 쓰게 마련이다. 부정확하거나 낡은 패러다임을 좇는 사람의 입장에서는 자신의 행동에 전혀 이상한 점이 없다고 생각할 수도 있겠지만 그의 주변 사람들은 그가 도대체 무슨 생각에서 그처럼 행동하는지 이상하게 여길 수 있다.

대부분의 패러다임은 순진하고 판단 능력이 떨어지는 어린

나이에 형성된다. 어린 시절에 겪은 체험을 부정확하게 해석하는 것이 종종 그 기반이 된다. 그것들은 대체로 무의식 속에 머물기 때문에 평가의 대상이 되거나 새로운 정보로 대체되는 경우가 드물다. 그 패러다임들이 정확하지 않을 때조차 사람들은 백 퍼센트 올바른 것으로 맹신하니 안타까운 일이다.

쓸모없는 선남 패러다임

선남 패러다임이란 다음과 같은 것이다.

- 만일 내가 결점들을 숨기고 다른 사람들이 내게 기대하는 모습으로 변할 수 있다면 나는 사랑받고 필요한 것을 충족하고 일체의 골칫거리에서 해방된 인생을 살게 될 것이다.

이 패러다임이 쓸모없는 것임이 입증돼도 선남은 오로지 한 가지 대안만을 추구한다. 그 패러다임에 더욱 열심히 매진하는 것이다.

선남은 자신의 패러다임이 도전받을 때 잘못을 일찍 깨닫지 못하고 쉽게 잊어먹는 경향이 있다. 그런 상황에서도 쓸모없다는 것이 누누이 입증된 신념체제에 매달리려고 드는 그들의 무의식 속에는 그런 신념체제에 도전한다는 것은 이단異端에 버금가는 행위라는 인식이 뿌리 깊이 박혀 있다. 선남의 입장에서는 설령 자신이 하고 있는 일들이 소용없을지라도 뭔가 다른 일을 한다는 생각을 떠올리기가 쉽지 않다.

이 장 맨 앞에서 소개한, 아내 헤더와의 성생활이 원만하지 않다는 제이슨은 쓸모없는 선남 패러다임이 빚어 낼 수 있는 좌절의 좋은 사례가 된다. 제이슨이 어릴 때 매사를 통제하고 완벽을 지향하는 성격을 지닌 아버지는 제이슨 형제들에게 현실과 동떨어진 무리한 요구를 많이 했다. 아버지는 세상사는 오로지 한 가지 방식, 다시 말해 자기 방식대로 하는 것이 옳다고 믿었다. 제이슨의 어머니는 자식들을 통해 대리 인생을 살아가는 정서적으로 문제가 많은 여자였다. 어딘가에 기대고 싶을 때 자식들에게 그들이 감당 못할 정도로 지나친 애정을 퍼부었다. 그러나 막상 아이들이 어딘가에 기대고 싶을 때 그녀는 심리 상태가 정상이 아니어서 아무런 도움이 되지 못했다.

제이슨은 다음과 같은 것들이 포함된 패러다임을 개발하는 방법으로 유년기의 체험을 이겨나갔다.

- 모든 일을 올바르게 해내는 방법만 알아내면 아버지로부터 인정받고 꾸지람을 피할 수 있을 것이라는 생각.
- 엄마가 누군가에게 의지하고 싶어할 때 열심히 보살펴 드리면 자

기가 그런 상황에 처할 때 엄마도 그렇게 해주리라는 생각.

- 절대로 문제를 일으키지 않으면 사랑받고 인정받으리라는 생각.
- 실수들을 남들 모르게 감추면 아무도 자기에게 화를 내지 않으리라는 생각.

어린 시절의 제이슨은 너무 순진하고 무기력해서 무엇을 하더라도 아버지의 기대에 걸맞게 사는 것은 불가능하다는 점을 깨닫지 못했다. 마찬가지로 그가 아무리 정성을 다해도 어머니는 필요할 때 결코 곁에 있어 주지 않았다. 제이슨은 모든 일을 올바르게 할 수 있는 방법이란 존재하지 않는다는 것을 깨닫지 못했다. 그가 단점이나 실수를 아무리 잘 감춰도 사람들이 그에게 화를 내는 것은 여전했다.

어린 시절의 도로 지도가 원하는 방향으로 데려다 주지 못했음에도 불구하고 제이슨이 생각할 수 있는 유일한 옵션은 똑같은 일을 좀 더 열심히 계속하는 것이었다. 그가 패러다임을 통해 얻는 유일한 성과라면 잠시 두려움과 패배의식을 잊고 딴생각을 할 수 있다는 것이었다.

성인이 된 제이슨은 어린 시절의 패러다임을 부인과의 관계에 응용하려 했다. 모친과 마찬가지로 그의 부인도 정서적으로 기댈 데가 필요할 때만 그에게 관심을 기울였다. 아버지와 마찬가지로 그녀도 잔소리가 심하고 위에 군림하려 들었다. 모든 일을 올바르게 하고, 정성껏 돌봐 주고, 한순간도 문제를 일으키지 않고, 실수를 감추는 등 어린 시절의 도로 지도를 결혼생활에 응용함으로써 제이슨은 부인으로부터 항상 인정받고 원할 때는 아무 때나 그녀를 품에 안을 수 있고, 또 그녀가 화를 내는 일이 결코 없으리라는 환상을 품었다. 그의 패러다임이 안고 있는 본질적 문제 때문에 자기가 어떻게 행동하든 관계없이 부인은 여전히 때때로 자기를 차갑게 대하고 트집도 잡으며 섹스 요구에 응하지 않는다는 점을 그는 인식하지 못했다. 그리고 어쩌면 그런 그녀를 원하는지도 모른다는 점을 깨닫지 못했다. 어린 시절에 그랬듯이 성인이 되어서도 자신의 패러다임이 소기의 성과를 올리지 못했지만 제이슨의 유일한 옵션은 그저 열심히 밀고 나가는 것밖에 없는 것 같았다.

다른 일 해보기

TV 드라마 '사인펠드Seinfeld'[05] 시리즈 중 내가 좋아하는 것은 조지가 그동안 해오던 것과는 정반대로 행동함으로써 인생의 변화를 꾀하는 장면이다. 아이로니컬하게도 그는 모든 일을 정반

---

05 1989년에서 1998년까지 미국 NBC 방송에서 방영된 미국의 대표 시트콤.

대로 함으로써 아름다운 애인도 얻고 양키스팀에서 일자리를 얻는다. 모든 것을 정반대로 하는 것이 선남 신드롬에서 탈출하는 데 반드시 정답이 되지는 않겠지만 경우에 따라서는 어떤 일을 종전과 다르게 해보는 것이 정답이 될 수도 있다.

지난 여러 해 동안 나는 수많은 남성이 이 책에 담겨 있는 원칙들을 적용해 '일을 다르게 해보는 것'을 쭉 지켜보았다. 그들은 적개심을 품고 있고 좌절감에 빠진 무기력한 선남에서 적극적이고 유능하며 행복한 사람으로 자신을 변모시켰다.

'사인펠드'의 조지와 마찬가지로 선남들이 변화를 꾀하기로 결심할 경우 재미난 현상들이 일어나기 시작한다. 이들에게 일어나는 변화는 여러 가지가 있지만 우선 이런 것들을 들 수 있다.

- 자신의 모습을 있는 그대로 받아들인다.
- 실수를 소중한 배움의 도구로 이용한다.
- 다른 사람으로부터 인정받으려고 애쓰지 않는다.
- 여성과의 친밀한 관계를 체험한다.
- 자신의 필요 충족을 최우선시 한다.
- 자신의 필요 충족을 도와 줄 능력과 용의가 있는 사람을 찾는다.
- 현명하게 베푸는 법을 배우고 베풀면서 단서를 달지 않는 법을 배운다.
- 두려움과 맞선다.

- 성실성과 정직성을 개발한다.

- 한계를 설정한다.

- 다른 남성들과 의미 있는 관계를 구축한다.

- 여성들과 좀 더 건강하고 더욱 만족스러운 관계를 형성한다.

- 감정을 표현한다.

- 문제에 직접 대처한다.

- 친밀하고 만족스러운 성관계를 개발한다.

- 변화하는 인생의 복잡성에 잘 적응한다.

도움 청하기

선남은 매사를 자기 힘으로 처리해야 한다고 생각한다. 그래서 쉽사리 남에게 도움을 청하지 못하고 불완전해 보이거나 약해 보이는 인상을 감추려고 애쓴다. 선남 신드롬에서 해방되려면 그 같은 패턴을 뒤집어야 한다.

선남 신드롬의 치료 여부는 자신의 정체를 드러내고 남에게 도움을 청하느냐 못하느냐에 달렸다. 따라서 선남 신드롬에서 탈출하기를 원하는 사람은 반드시 그 과정에서 자기를 도와줄 수 있는 안전한 사람을 찾아야 한다.

나는 치료 중인 선남들에게 어떤 치료사나, 치료 그룹, 12단계[06] 그룹, 종교 지도자, 혹은 가까운 친구와 함께 그 과정을 시작하라고 권유한다. 선남은 특히 여성으로부터 인정받기를 원하는 경향이 있기 때문에 이 과정은 절대로 남자들과 함께 시작하라고 말한다. 일부 선남의 경우 '안전한 사람'이라는 말이 어쩌면 앞뒤가 맞지 않는 말로 들릴 수도 있겠지만 하여간 나는 그 방법을 강력 추천한다.

나는 치료를 원하는 선남 신드롬 환자를 모아 놓은 집단들을 여러 해 동안 이끌어 왔다. 실은 나 역시 선남 신드롬을 치료한 체험이 있는데, 따지고 보면 그것이 선남 신드롬이라는 것을 채 알기도 전의 옛날 이야기지만, 치료에 가장 도움이 된 것은 12단계 그룹과 치료 그룹이었다. 반드시 어떤 그룹의 도움을 얻지 않더라도 선남 신드롬을 벗어 던질 수 있다고 확신은 하지만 그룹이야말로 치료 과정을 앞당기는 데 가장 유용한 도구다.

탈출 작전

지금까지 읽은 내용에서 자신의 모습이나 사랑하는 사람의 모습이 떠오르는 독자라면 계속 읽어 나갈 것. 이 책은 선남 신드

---

06   알코올·마약 중독자 재활 프로그램.

롬의 부정적 영향에서 탈출할 수 있도록 매우 실용적이고 쓸모 있는 도구를 제공한다. 이 프로그램은 이미 수많은 사람을 대상으로 효력을 거둔 바 있으니 독자나 독자 여러분이 사랑하는 사람에게도 반드시 통할 것이다.

그 과정을 좀 더 앞당기기 위해 나는 이 책 여기저기에 수많은 신드롬 탈출 행동요령을 적어 놓았다.

이 탈출 행동요령은 선남 신드롬 치료에 필요한 패러다임의 변화를 촉진하기 위해 반드시 필요한 것이다. 치료 중인 선남이 자신의 패러다임이 어디에서 나온 것인지 이해하는 데 도움이 될 뿐 아니라 그 패러다임을 좀 더 정확한 최신 패러다임으로 바꾸는 데도 도움이 될 것이다. 동시에 그 요령들은 치료 중인 선남이 전과 다르게 처신할 수 있도록 도움을 주는 길로 인도할 것이다.

경고

이 책에 나와 있는 원칙들을 써먹어 보기로 결심하는 독자 여러분에게 먼저 두 가지를 경고해 둔다.

첫째, 이 책에 나와 있는 치료 프로그램은 단순히 시험 삼아 해볼 만한 몇 가지 훌륭한 아이디어가 아니다. 선남들이 그동안 사랑받고, 필요를 충족하고, 조용하게 살기 위해 필요한 것이라고 생각했던 기존의 모든 것에 대한 도전장이 될 것이다.

선남 신드롬에서 탈출하려면 시작과 행동을 근본적으로 바꿔야 한다. 어정쩡하게 하다 말면 불필요한 고통만 자초할 것이다.

둘째, 선남 신드롬에서 탈출하면 대인관계가 확 달라질 것이다. 현재 특정인과 교제하는 중이라면 그 파트너에게 이 책을 함께 읽자고 당부하기를 권유한다. 이 책에 나와 있는 치료 프로그램은 독자 여러분은 물론 독자와 가까운 사람들의 삶에도 큰 영향을 미칠 것이다. 설령 독자의 파트너가 긍정적 방향으로 달라져 보겠다는 의지에 찬성하더라도 처음에는 이 프로그램에 겁을 집어먹을 가능성이 있다. 이 책을 함께 읽으면 그런 변화를 앞당기는 데 도움이 된다.

이 경고야 뭐 그렇다 치고, 혹시 지금까지 읽은 내용이 옳은 말이라고 생각되거든 계속 읽어 보시라. 다음 장들에는 선남 신드롬에서 탈출해 본인이 원하는 사랑과 인생을 얻을 수 있도록 돕는 정보가 담겨 있다.

행동요령 1

선남 신드롬을 치료하는 과정에서 당신에게 도움을 줄 수 있는 세 사람이나 세 그룹의 이름을 적는다.

아무도 떠오르지 않으면 전화번호부를 꺼내 카운슬러나 지원 단체를 찾아본다. 세 사람의 이름과 세 개의 전화번호를 적은 다음 이 장을 다 읽고 나서 바로 전화를 건다. 혹시 아는 사람 중에 전문 치료를 받았거나 지원 단체의 도움을 받은 경험이 있는 사람이 있으면 정보를 요청한다. 인터넷을 이용하는 사람은 12단계 그룹이나 지원 단체를 검색한다.

행동요령 2

반드시 그렇게 하지 않고는 배기지 못할 어떤 이유가 있지 않고서야, 사람이 자기 자신에 관한 특정한 것들을 없애거나 감추고 다른 사람으로 변하려 하는 것이 어찌 합리적으로 보일 리 있겠는가? 사람들은 왜 자신의 진실한 모습을 바꾸려 하는가? 시간을 내서 이 문제에 대해 생각해 본다. 당신이 이런 행동을 하는가, 아니면 아는 사람이 이런 행동을 하는가?

선남 만들기

선남 만들기

나는 1장 끝부분에서 이런 질문을 던졌다. '반드시 그렇게 하지 않고는 배기지 못할 어떤 이유가 있지 않고서야. 사람이 자기 자신에 관한 특정한 것들을 없애거나 감추고 다른 사람으로 변하려 드는 것이 어찌 합리적으로 보일 리 있겠는가? 사람들은 무슨 이유로 자신의 참모습을 바꾸려 드는 것일까?'

선남 신드롬을 가능한 모든 각도에서 여러 해 동안 관찰해보니 위의 질문에 대한 그럴듯한 답변은 단 하나였다. 나이에 상관없이 한 남자의 입장에서 자신의 원래 모습을 노출하는 것은 안전하지 않거나 받아들이기 어려운 것으로 생각되기 때문이다. 남자의 입장에서는 자신의 원래 모습을 노출하는 것이 안전하지 않거나 용납될 수 없다고 판단되는 상황에 대처하는 한 방편으로 선남의 길을 택한 것이다.

이 책의 전제는 모든 선남은 어린 시절 가족이나 주위 세계로부터 자신의 원래 모습을 그대로 유지하는 것은 안전하지 않고, 용납할 수 없으며 바람직하지도 않다는 메시지를 받았다는 것이다.

그렇다면 선남은 어떤 방식으로 그런 메시지를 받았으며 그런 메시지에 대해 그처럼 반응한 이유는 무엇일까. 이제 가족과 사회가 어떤 식으로 지극히 정상적인 한 소년이 사랑받기 위해서는 '착해져야' 한다고 생각하는 남자로 변화시키는지 간단히 알아보자.

유기遺棄에 대처

사람의 생애에서 가장 감수성이 강한 시기는 태어난 순간부터 다섯 살 내외 정도까지다. 이 몇 해 동안 어린이의 성격은 주변 환경에 크게 영향을 받는다. 패러다임이 형성되기 시작하는 것이 바로 그 무렵이다. 그 시기에 어린이에게 가장 강력한 영향을 미치는 사람은 부모와 가족이기 때문에 선남 신드롬의 기원에 관한 조사는 거기에서 출발해야 한다.

우리는 먼저 어린이에 관한 중요한 사실 두 가지를 알아야 한다.

첫째, 어린이는 세상에 나오는 순간 완전 무방비 상태다. 어린이는 누가 옆에서 지켜주면서 필요한 것이 있을 때 제때 제대로 대응해 줘야 한다. 이런 의존성 때문에 모든 어린이의 최대 공포는 버림받는 것이다. 어린이들에게 유기란 곧 죽음을 의미한다.

둘째, 어린이는 자기중심적이다. 어린이들은 원래 자기가 우주의 중심이고 세상의 모든 것이 자신을 중심으로 돌아간다고 생각하게 마련이다. 따라서 자신에게 일어나는 모든 일의 원인은 자신에게 있다고 생각한다.

유기에 대한 공포와 자기중심적 사고라는 이 두 가지 요인은 모든 어린이에게 매우 강력한 동인動因이 된다. 어린이는 어른들로부터 어떤 형태로든 버림받는 체험을 할 경우 자기가 저지른 일 때문에 그런 일이 벌어졌다고 생각한다. 여기에서 말하는 버림받는 체험이란 다음과 같은 상황들이다.

- 배가 고픈데 밥을 주는 사람이 없다.
- 울고 있는데 안아 주는 사람이 없다.
- 외로운데 신경 써주는 사람이 없다.
- 부모가 화를 낸다.
- 부모가 홀대한다.
- 부모가 자식에게 터무니없는 기대를 건다.

- 부모가 자식을 이용해 자신의 필요를 충족한다.

- 부모가 망신을 준다.

- 부모가 때린다.

- 부모가 그를 원하지 않는다.

- 부모가 곁을 떠나 제때 돌아오지 않는다.

모든 어린이는 불완전한 사회에서, 불완전한 가정에서 태어나기 때문에 버림받는 체험을 할 수밖에 없다. 그 같은 고통스러운 사태의 원인이 자신에게 있다고 생각하는 것은 상황을 잘못 해석하는 것이지만 어쨌든 어린이들은 세상을 달리 이해할 방법이 없다.

병적 수치심

이 같은 유기 체험과 그것에 대한 순진한 자기중심적 해석의 결과로 일부 어린이들의 머릿속에서는 자기 자신을 원래 그대로 놔둬서는 곤란하겠다는 생각이 움트기 시작한다. 어린이들은 자신에게 틀림없이 뭔가 잘못된 점이 있으며 그것 때문에 자신의 삶에서 중요한 위치에 있는 사람들로부터 버림받는다는 결론을 내린다. 어린이는 유기 체험을 하는 것이 자신의 잘못이 아니라 제대로 대응하지 못한 어른의 잘못이라는 점을 이해하지 못한다.

유기 체험에 대한 그 같은 자기중심적 해석은 '병적 수치심'이라는 심리 상태를 유발한다. 병적 수치심이란 자신이 원래 나쁜 사람이고 결함투성이며, 남과 다르거나 또는 사랑받을 수 없다는 생각이다. 병적 수치심이란 자신이 나쁜 짓을 했다는 단순한 생각이 아니라 자신이 나쁜 사람이라는 뿌리 깊은 신념인 것이다.

생존 메커니즘

위와 같은 유기 체험과 그에 대한 잘못된 해석의 결과로 모든 어린이는 다음과 같은 세 가지 목적을 위해 생존 메커니즘을 개발하게 된다.

- 버림받았다는 정서적, 육체적 고통의 극복
- 유사한 일이 다시 일어나지 않도록 예방
- 몸에 배인 병적 수치심을 자기 자신과 타인으로부터 감추기

어린이들은 위의 세 가지 목표를 달성하기 위해 여러 가지

창의적 방안을 궁리해낸다. 그들의 지혜나 경험과 자원은 한정적일 수밖에 없기 때문에 이런 생존 메커니즘은 흔히 효과가 없고 때로는 논리적으로도 합당하지 않아 보인다. 예컨대 외로움을 느끼는 어린이는 아버지의 관심을 끌기 위해 엉뚱한 짓을 하지만 그 결과 꾸중만 들을 수 있다. 어린이가 고통스럽거나 부정적인 결과를 초래해 가면서도 관심을 끌려고 애쓰는 짓이 어른들 눈에는 비합리적으로 보이겠지만 아이들의 입장에서는 설령 그렇다 해도 외롭게 소외되는 것보다는 낫다고 생각을 할 수 있다.

'착한' 사람이 되고자 하는 것, 남들의 기대에 부응하는 사람으로 변하려고 애쓰는 것은 꼬마가 어린 시절의 유기 체험과 병적 수치심의 체득의 결과로 만들어 내는 여러 가지 인생 대본 가운데 하나에 불과하다.

선남 패러다임의 기원

내가 처음 내 자신의 선남적 태도와 행동을 연구하기 시작했을 때는 결과가 어떻게 나올지 전혀 몰랐다. 나는 제법 좋은 집안 출신이고 제법 괜찮은 인생을 살아왔다고 생각한다. 나와 비슷한 성격을 가진 사람들을 관찰하기 시작하면서 그들 역시 일반적으로 자신의 정서적, 행동적 패턴의 기원에 관한 지식이 부족하다는 사실을 알게 됐다.

어린 시절에 대한 질문을 던지면 선남들은 보통 '완벽한', 또는 '훌륭한' 환경에서 자랐다고 대답했다. '리브 잇 투 비버Leave It to Beaver'07에서 볼 수 있는 전형적인 미국인 가정이었다는 것이다. 그럼에도 불구하고 이들은 결함을 숨기고 남들이 자기에게 기대하는 것으로 생각되는 인물상에 걸맞은 사람이 되려고 애썼다. 이것은 그들의 성장 환경이 어느 시점에선가는 결코 이상적이지 못했다는 반증이 아닐 수 없다.

앨런, 제이슨, 호세는 모두 선남이다. 이들의 어린 시절 체험은 각기 다르지만 성인이 되자마자 선남 신드롬이 시작됐다는 점에서 모두 독특하다. 그런 차이점들에도 불구하고 그들은 어린 시절 자신의 원래 모습을 그대로 내버려두면 안 되겠다는 신념을 굳히게 됐다. 병적 수치심이 몸에 배이면서 이들 3인은 제각기 남으로부터 인정받으려 들고 자신의 결함을 숨기려 드는 인생 패러다임을 개발했다. 타인으로부터 사랑받고 필요한 것을 얻고 순탄한 삶을 살 수 있다는 희망을 품으려면 그런 인생 전략이 필요하다고 믿었다.

---

07   1957년부터 1963년까지 미국에서 방영된 미국 가정의 라이프 스타일을 엿보게 해주는 TV 시트콤.

앨런

홀어머니를 모시고 살아가는 세 자식의 장남으로서 앨런은 어머니에게 한시도 고통을 안겨 준 적이 없다고 자부했다. 어린 시절 그는 운동도 잘하고 공부도 잘했다. 그래서 자신은 나머지 형제와 다르며 엄마가 자랑으로 여길 만하다고 생각했다. 앨런은 그 집안에서 처음으로 대학을 나온 사람이 됐는데 이 역시 자신을 특별한 존재로 만들어 주는 요인이라고 생각했다.

술주정뱅이였던 앨런의 아버지는 그가 일곱 살 때 집을 나가 버렸다. 앨런은 어릴 때부터 장차 아버지 같은 사람은 절대 되지 않겠다고 결심했다. 그래서 참을성 있고 관대하며 원만한 성격을 만들려고 노력하며 살아왔다. 절대로 아버지처럼 벌컥 화를 내거나 사람을 부려먹지 않으려고 열심히 노력했다. 교회에서는 소년부를 맡아 열심히 뛰었고 사춘기 시절 술이나 마약을 가까이 하지 않았다.

어머니가 엄격한 기독교 원리주의자였기 때문에 앨런은 어릴 때부터 불지옥의 형벌을 믿으며 자랐다. 정상적으로 생각하고 욕망을 느끼고 행동하는 것은 모두 '죄'를 짓는 짓이라는 생각을 하게 됐다. 항상 훌륭한 신자가 되려고 노력했지만 늘 언젠가는 실수를 저질러 영원한 형벌을 받지나 않을까 하는 두려움을 떨굴 수 없었다.

앨런은 어머니가 성인聖人이라고 생각했다. 그녀는 자식들을 위해서라면 무슨 일이든 마다하지 않았다. 아이들의 말에 늘 귀를 기울이며 트집 잡는 일이 없었다. 두 모자는 종종 '못된' 아버지 때문에 신세가 딱하게 됐다고 서로 동정하며 위안을 얻었다.

앨런이 어머니로부터 아들들은 절대로 아버지를 닮지 않은 사람으로 키우겠다는 말을 들은 것은 한두 번이 아니었다. 그녀는 장차 자식들이 자라서 남에게 베풀 줄 알고 온순하며 여자를 존중하는 사람이 되어 주기를 바랐다. 앨런은 성인이 되어 분가한 뒤에도 어머니와 자주 연락을 취하며 편히 모시기 위해 최선을 다했다.

제이슨

제1장에서 소개한 제이슨은 '리브 잇 투 비버'와 똑같은 가정에서 자랐다고 생각했다. 제이슨의 부모는 자식들을 통해 대리 인생을 살았다. 제이슨은 어린 시절이 '이상적'이었다고 생각했지만 실은 부모가 자신들의 필요에 의해 제이슨 형제를 이용한 것이었다.

제이슨은 부모가 '완벽'하다고 믿었다. 두 사람 모두 엄격하고 자식들을 과보호하는 편이었다고 설명했다. 제이슨은 온실에서 자랐으며 섹스에 대해 순진했다고 말한 뒤 어쩌면 부모에 의해 눌려 살아왔는지도 모르겠다고 인정했다.

제이슨의 아버지는 엄한 가장이었다. 제이슨은 아버지가 아직도 자신의 인생을 통제하려 든다고 말했다. 부친의 가업을 이어받아 척추 교정사로 일하고 있는데 아버지가 무슨 집을 사라, 무슨 차를 사라, 그리고 심지어는 어떤 교회에 나가라고까지 정해 준다고 말했다.

제이슨은 어머니에 대해서는 '훌륭하고 사랑스러운 여인'이라고 말했다. 어릴 때 늘 자식들을 돌봐줬다고 돌이켰다. 친구가 없었던 그녀는 친구 대신 자식들에게 의존하면서 자신의 존재 가치를 확인했다.

제이슨은 부모가 서로 애정 표현을 하는 장면을 본 기억이 없다. 두 분이 성교하는 모습이란 상상도 할 수 없었고, 어떻게 자식을 셋이나 낳았는지 정말 궁금했다. 부모와 자식이 함께한 일은 많았지만 제이슨은 가족끼리만 외출하거나 휴가를 떠난 기억은 없다.

성인이 된 제이슨은 부모가 보여준 완벽한 이미지에 걸맞게 살려고 했다. 그가 하는 모든 일은 남에게 잘 보이기 위한 계산된 행동이었다. 겉으로 보면 훌륭한 남편이자 훌륭한 아빠이며 훌륭한 교인이고 훌륭한 직업인이었다. 그러나 아무리 노력해도 부모에 비하면 뭔가 모자라는 것 같았다.

호세

비즈니스 컨설턴트로 성공한 호세는 사람들과 친밀한 관계가 맺어지는 것을 두려워했다. 고등교육을 받은 그가 다니는 직장은 스트레스는 많이 받지만 그래도 남들이 알아주는 곳이었다. 신체 건강도 아무 문제가 없었다. 그가 생각하는 레크리에이션이란 자전거를 타고 백 마일을 달리거나 등산하는 것이 고작이었다. 화가 나도 꾹 참고 다른 사람의 기분을 상하게 할 말은 하지 않으려고 애썼다. 그는 자제력을 갖췄다고 생각했으며 최고의 묘약은 '인정'이라고 말했다.

호세는 남에게 의존하는 여인들에게 마음이 끌렸다. 특히 근친상간 피해자들에게 마음이 끌렸다. 그가 현 애인과 관계를 유지하는 이유는 오로지 헤어질 경우 그녀의 생계 대책이 걱정스럽기 때문이다.

호세는 결손가정 출신이라는 점을 당당하게 밝혔다. 서민 가정의 일곱 자녀 중 둘째였다. 열네 살 무렵부터는 동생들의 부모 노릇을 해야 했다. 호세는 자신의 집안이 몹시 혼란스러웠으며 동생들을 보호하는 것이 의무 같았다고 말했다.

호세의 기억에 아버지는 화를 잘 내고 권위적이었으며 자녀를 마구 부려먹었다. 아들들에게는 공연히 성질을 부리고 괴롭혔으며 딸들에게는 성추행을 일삼았다.

호세의 어머니는 조울병[08]환자였다. 변덕이 심했으며 치료를 제대로 받지 못했다. 조증이 도지면 정치인이나 유명인사가 집에 찾아올 것이니 잘 대접해야 한다면서 집안에 먼지 하나 없이 깨끗하게 청소를 했다. 울증이 도지면 창문이란 창문은 모두 가려놓아 집 안이 폐가처럼 변했고, 그녀는 자살하겠다고 위협했다. 호세가 열다섯 살 때 잠긴 문을 부수고 들어가 어머니의 손에서 장전된 권총을 빼앗은 일도 있었다. 일곱 자녀가 겁에 질린 채 서 있는 동안 어머니가 자살 소동을 벌이는 일이 자주 벌어졌다. 호세는 그것이 자기 집에서 늘 일어나는 일상적인 일이라고 생각하며 자랐다.

호세는 식구들과는 다른 인생을 살겠다는 일념으로 열심히 일했다. 식구들은 그를 떠받들면서 무슨 일만 생기면 그를 찾았다. 그가 가족의 일원으로서 맡은 역할은 혼란 수습이었다. 비즈니스 컨설턴트로서 그가 하는 일도 혼란 수습이었다. 여자와의 관계에서도 그가 맡은 역할은 혼란 수습이었다. 호세의 인생 대본은 혼란을 필요로 했다. 혼란이 없으면 그가 할 일이 없었던 것이다.

호세는 타고난 지능과 근로윤리 및 사태 수습능력이 자신의

---

08   조울병(조울증)이란 조증과 울증이 합쳐진 양극성 기분장애를 말한다. 조증이란 이유없이 기분이 들뜨는 상태이고, 울증이란 그 반대로 우울하고 힘이 없는 상태다.

'장점'이라고 생각했다. 그런 장점들 덕분에 엉망인 가정을 탈출해 출세했다고 생각했다. 그런 장점이 없었다면 부모나 형제들과 마찬가지 신세가 됐을 것이라고 확신했다.

어린이 발달 101

앨런, 제이슨, 호세는 서로 판이한 어린 시절을 겪었지만 인생 지침이 되는 비슷한 대본을 개발했다. 세 사람 모두 여러 가지 방식으로 자신의 원래 모습 그대로는 곤란하고 살아남으려면 다른 어떤 것으로 변하지 않으면 안 된다는 신념을 체득한 것이다. 아주 판이한 세 사람의 성장기 체험이 어떤 경로로 아주 비슷한 인생 패러다임을 가진 세 사람을 탄생시켰는지 각각의 점들을 연결하여 이해하기 위해 앞부분에 나왔던 어린이 성장의 원칙들을 재빨리 훑어보는 것이 유용할 것 같다.

- 신생아는 전적으로 무기력하다.
- 어린이의 최대 두려움은 유기다.
- 어린이는 자기중심적이다.
- 어린이는 필요한 것이 제때 제대로 충족되지 않을 때마다 유기 체험을 한다.

- 유기 체험을 하는 어린이는 그 원인이 자신에게 있다고 생각한다.
- 이 같은 잘못된 순진한 해석이 자신이 '나쁜' 사람이라는 병적 수치심을 낳는다.
- 어린이는 유기 체험을 극복하고, 그런 일이 되풀이되는 것을 막고, 자신이 '나쁘다는 것'을 자신과 남들이 모르도록 감추기 위해 생존 메커니즘을 개발한다.
- 그런 유년기의 생존 메커니즘에는 어린이 고유의 무기력함과 자기 자신과 세계에 대한 순진한 견해가 담겨 있다

완벽한 꼬마에서 선남으로

위에 열거한 원칙들은 앨런, 제이슨, 호세는 물론 이 책에 기술된 모든 선남들의 유년기 체험에 적용될 수 있다. 완벽한 꼬마로부터 선남으로의 발달 과정은 기본적으로 세 단계를 거친다. 유기, 병적 수치심의 체득화, 그리고 생존 메커니즘 개발의 순서다.

유기
모든 선남이 그렇듯 앨런, 제이슨, 호세는 여러 가지 방식으로

버림받은 경험이 있다.

앨런과 호세에게는 성을 잘 내거나 트집 잡기 좋아하는 파트너가 있어서 원래의 모습은 절대 용납이 안 된다는 메시지를 수시로 보냈다.

앨런은 어머니를 숭배했지만 그녀는 그가 아버지로부터 꾸지람을 들을 때 나서서 말리지 않았다. 그래서 앨런은 은연중에 자신은 보호받을 가치가 없는 인간이라는 생각을 하게 되었다.

앨런은 남들로부터 훌륭한 사람이라는 소리를 듣고 어머니로부터 사랑받으려면 아버지와는 다른 인간이 되어야 한다는 결론을 내리게 되었다.

앨런과 제이슨은 부모에 의해 이용당하는 동시에 객관적인 심사대상이 되었다. 매사를 '똑바로' 하고 말썽을 일으키지 않아야 좋은 소리를 들을 수 있었다. 부모의 기대에 부응해야만 사랑받을 수 있다는 암시를 준 것이다.

제이슨은 부모가 '완벽'하다고 믿었기 때문에 그들과 비교해 자신은 늘 결점이 많고 부족하다고 생각했다.

호세는 부모로부터 인생에 도움이 될 만한 가르침을 얻는다거나 보살핌을 받는다거나 하등의 사랑을 받아 본 적이 없다. 그래서 자신이 부모에게 전혀 소중한 존재가 아니라는 생각을 품게 되었다.

앨런과 제이슨은 완벽한 도덕성으로 무장할 것을 추구하는 원리주의 교회에 다니며 자랐다. 그렇게 하지 못하는 것은 곧 영원한 형벌을 의미했다.

호세는 미처 돌아가는 식구들과 다른 사람이 되지 않으면 인간으로서의 가치가 없다고 생각했다.

세 사람 모두 자신의 급한 사정보다 다른 사람의 급한 사정이 더 중요하다고 생각했는데, 이것은 선남 가정들의 보편적 현상이다.

유년기의 세 사람은 이런 체험들을 통해 자신이 달라지지 않고서는 남들로부터 인정받지 못한다는 생각을 하게 됐으니 그것이 곧 일종의 유기 체험인 것이다.

병적 수치심

어릴 때 학대를 당했건, 버림을 받았건, 홀대를 당했건, 창피를 당했건, 이용을 당했건, 통제를 당했건, 또는 평가의 대상이 됐건 관계없이 모든 선남은 한 가지 신념을 체득한다. 자신의 모습을 그대로 유지하는 것은 나쁘거나 위험하다는 것이다.

이런 메시지 가운데 일부는 분명 자녀의 행복에 대해서는 아무 관심도 없는 부모에 의해 전달됐다. 또 일부는 아직 부모가 될 준비를 채 갖추지 못해 자녀의 양육 환경에 신경 쓸 형편이 못 되는 나이 어린 부모들에 의해 간접적으로 전달됐다. 때로는 그 누구도 통제하지 못하는 상황에 의해 그런 메시지가 전달되는 경우도 있었다.

어떤 상황이 됐든 어린이는 그런 사태가 자신에 관해 무언가를 말해 주는 것이라고 생각한다. 자신에게 어떤 원인이 있어서 그런 일이 일어나는 것이라고 생각하는 것이다. 어린이들 특유의 논리로 녀석은 이런 결론을 내린다. '_____을 보면 뭔가 내게 잘못이 있음이 틀림없다.' 빈 칸을 메워 보자.

- 내가 울 때 아무도 와주지 않는 것
- 엄마의 얼굴 표정
- 아빠가 집을 나가 돌아오지 않는 것
- 뭐든지 엄마가 다 알아서 해주는 것
- 아빠가 내게 소리 지르는 것
- 내가 엄마나 아빠처럼 완벽하지 못한 것
- 내가 엄마를 기쁘게 해드리지 못하는 것

유년기의 체험에 따라 소년은 또 이런 생각을 하게 된다. '난 _____비로소 착한 사람이 되고 사랑받을 수 있다.' 빈 칸을 메워 보자.

- 아빠와 다른 사람이 될 때
- 엄마가 나를 필요로 할 때
- 어떤 실수도 저지르지 않을 때
- 공부를 잘할 때
- 즐거울 때
- 형이나 동생 같은 사람이 되지 않을 때
- 말썽을 부리지 않을 때
- 엄마와 아빠를 기쁘게 해드릴 때

생존 메커니즘

어린 시절의 유기 체험과 그에 대한 그릇된 해석 때문에 모든 선남은 다음과 같은 세 가지 일을 하는 데 필요한 생존 메커니즘을 익히게 된다.

- 유기 체험에서 느꼈던 고통과 공포를 극복하는 일
- 그 같은 유기 체험이 되풀이되지 않도록 예방하는 일
- 병적 수치심을 자신과 타인으로부터 숨기는 일

이런 생존 메커니즘은 선남들에게서 다음과 같은 인생 패러다임의 형태를 띠게 된다.

- 만일 내가 결점을 숨기고 다른 사람이 내게 기대하는 모습으로 변할 수만 있다면 사랑받고 필요를 충족하고 순탄한 인생을 살 수 있을 것이다.

선남이 성인이 된 뒤에 하는 모든 행위를 뒤에서 지도하고 조종하는 것은 유년기에 형성된 그 패러다임이다. 그것은 비록 어린 시절에 일어난 일들에 대한 그릇된 해석에 기반을 두지만 이들이 갖고 있는 유일한 도로 지도다. 선남은 그 지도가 정확하고 그것을 충실히 따르기만 하면 목적지인 순탄하고 행복한 인생에 도달할 수 있을 것이라고 생각한다. 이 같은 인생 대본은 별 쓸모없는 경우가 많지만 선남은 좀 더 정성을 기울이면 다른 결과가 나오리라는 기대를 품고 내내 같은 짓을 열심히 해댄다.

두 가지 유형의 선남

선남이 유기 체험과 몸에 배인 병적 수치심을 극복하기 위해 개발하는 생존 메커니즘은 통상적으로 두 가지 형태로 표출된다. 하나는 병적 수치심을 과장해 자신은 인간 말종이라고 믿는 것이다. 나는 이런 유형을 '나는 형편없는 놈이오'형 선남이라 부른다.

'나는 형편없는 놈이오'형 선남은 세상 사람이 모두 자신이 형편없다는 것을 알 것이라고 확신한다. 자신이 형편없는 사람이라는 증거를 대기 위해 유년기에, 사춘기에, 그리고 다 자란 뒤에 저지른 잘못들을 구체적으로 말해 주기도 한다. 꼬마 시절 유리창을 깨서 실컷 얻어맞았다는 이야기를 한다. 사춘기 때는 규칙을 어겨 어머니 눈에서 눈물을 뽑았다고 말한다. 어른이 된 뒤에는 담배 피우고, 술 마시고, 마약을 복용하면서 흥청댔다고 이야기한다. 그는 행복하게 살 수 있는 유일한 희망은 그런 타고난 나쁜 인간성을 감추기 위해 최선을 다하는 데 있다고 확신한다. 그 같은 선남 페르소나[09]를 믿는 사람이 있을 거라는 생각을 진심으로 하는 것은 아니지만 어쨌든 다른 선택의 여지는 없다고 생각한다.

둘째 유형은 '나는 아주 좋은 사람이오'형이다. 이런 유형은

---

09   외적 인격. 인간의 가장 외적인 인격으로 '인격의 가면'을 말한다. 모든 사람이 적어도 한 개 이상은 갖고 있는, 외면적으로 내보이기를 원하는 자기의 모습이다. 말하자면 사회적 자아로서, 사회적 역할에 따라 '_로서의 나'를 의미한다. 사회가 분화하고 한 사람이 다양한 역할을 맡게 됨에 따라 사회적 자아는 수가 늘어나게 된다. 마음속으로는 화가 나도 웃어야 하는 경우가 있고, 화가 나지 않아도 필요에 따라 근엄한 얼굴을 하는 경우도 있다. 그런 사회적 요구에 따르는 얼굴을 페르소나라 부른다. 힘들게 사회생활을 하고 가정으로 돌아오면 우리는 양복과 넥타이를 벗어 버리고 편한 옷으로 갈아입는다. 교양인인 체하던 말씨도 마음대로 한다. 잠자리에 들 때는 모든 사회적 가면을 벗는다. 그때 내부의 참모습이 드러난다. 그러한 페르소나 뒤에 숨어 있는 맨 얼굴을 에고라고 부른다.

자신이 쓸모없는 인간이라는 신념을 억누르는 방법을 동원해 병적 수치심을 처리한다. 그는 자신이 보기 드물게 훌륭한 사람이라고 생각한다. 설혹 어떤 결점이 눈에 띄더라도 그 정도야 별것 아니며 쉽게 고칠 수 있다고 생각한다. 어릴 때도 말썽을 일으켜 본 적이 전혀 없었다. 사춘기 때도 늘 올바르게 행동했다. 성인이 된 뒤에는 그야말로 법대로만 살아왔다. 이 선남은 병적 수치심을 무의식의 깊은 곳에 있는 공기도 안 통하는 서랍 속에 꽁꽁 처박아뒀다. 매사에 올바르게 처신하기 때문에 자신이야말로 훌륭한 사람이라는 신념으로 병적 수치심을 감춘다.

이 두 유형의 선남이 병적 수치심을 인식하는 방법에는 차이가 있을지 몰라도 두 사람 다 똑같은 인생 패러다임의 규제에 따라 움직인다. 모든 선남은 자신의 원래 모습 그대로는 곤란하기 때문에 결점을 감추고 다른 사람들이 자신에게 기대하는 모습으로 바뀌어야 한다고 생각한다.

내가 선남을 두 가지 유형으로 나눈 것은 양측이 모두 진실을 왜곡했다는 것을 보여주기 위해서다. 양측 모두 본인들 생각처럼 나쁘지도, 좋지도 않다. 둘 다 유년기에 겪은 일들에 대한 부정확한 해석에 기반을 둔 신념 체제를 신봉하며 살아가는 상처받은 영혼들이다.

행동요령 3

어린 소년이 왜 자신의 결점을 감추고 타인의 눈치를 보게 되는지 그 요인을 모두 다룬다는 것은 불가능하다. 나는 선남들의 머릿속에 자신이 위험하거나 형편없는 인간이라는 인식을 심어 준 경험이 어떤 것인지 모두 밝힐 필요는 없다고 생각한다. 그러나 인생 대본을 바꾸려면 그 대본이 애초에 어디에서 비롯됐는지를 어느 정도 이해하는 것이 좋다.

앨런, 제이슨, 호세의 이야기를 다시 읽어 보라 그들의 이야기는 당신의 어릴 적 체험과 어느 정도나 비슷한지 생각해 본다. 별도의 종이쪽지나 일기장에 어린 시절 식구들로부터 당신의 원래 모습 그대로는 곤란하다고 암시하는 메시지를 받은 기억이 있는지 적는다. 그런 체험을 안전한 사람과 함께 나눈다. 그 과정에서 자신이 어떤 감정을 느끼는지 주목한다. 슬픈가? 화가 나는가? 외로운가? 아니면 아무 생각도 없는가? 이 정보도 안전한 사람과 함께 공유한다.

이렇게 하는 목적은 누구의 잘잘못인지 캐자는 것이 아니라 무엇이 잘못된 것인지를 알아내자는 것이다. 타인을 탓하다 보면 수렁에서 빠져 나오지 못하게 된다. 어린 시절의 체험을 제대로 적시하면 그런 메시지를 좀 더 정확한 메시지로 대치해 선남 대본을 바꾸는 것이 가능해진다.

베이비붐 세대와 예민한 남자

어린이라면 모두 갖가지 형태의 유기 체험을 하게 마련이다. 어린이가 그런 일을 해석하고 반응하는 방법은 여러 가지다. 위에서 말한 것처럼 선남이 되는 것은 가능한 온갖 반응 가운데 하나일 뿐이다. 그러나 위에 기술된 유년기 체험은 그동안 내가 만난 수많은 선남들에 대한 설명으로는 아마도 충분치 않을 것이다.

나는 선남이란 갑자기 하늘에서 뚝 떨어진 것이 아니라 그전부터 있었다고 생각한다. 마마보이나 공처가는 인류 역사에 늘 있었을 것이 틀림없다. 많은 꼬마들이 온순하고 너그러운 성격으로 태어나 나중에 온순하고 너그러운 어른으로 성장할 것이다. 그러나 여러 해 동안 수많은 남성을 관찰한 결과 지난 50년 동안 사회 환경이 급격하게 변하면서 역사상 유례를 찾아보기 어려울 정도로 많은 선남이 양산된 것 같다.

선남 신드롬 같은 현대적 현상을 이해하려면 세기말부터 시작돼 제2차 세계대전 후 급격히 가속도가 붙은 일련의 중대한 사회 변화를 따져봐야 한다. 이런 것들을 꼽을 수 있겠다.

- 농업경제에서 산업경제로의 변천
- 농촌에서 도시로 인구 이동

- 아버지 없는 가정의 증가
- 이혼의 증가, 편모 가정의 증가, 여성 가장의 증가
- 여성이 지배하는 교육 시스템
- 여성 해방과 여권 운동
- 베트남전
- 성 혁명

위와 같은 일련의 사태들이 맞물리면서 이 시대의 미국 소년들에게 큰 영향을 끼쳤다. 이런 사회 변화는 세 가지 중대한 변천의 원동력을 낳았으며 그것이 곧 베이비붐 세대에서 선남이 양산되는 원인을 제공했다.

소년은 아버지나 기타 중요한 남성 역할 모델들로부터 격리됐다. 그 결과 남성들이 일반적으로 남성들로부터 유리돼 남자답게 행동하는 법을 배우지 못했다.

소년은 여자들의 손에 의해 자라게 됐다. 소년을 남성으로 키우는 임무가 엄마나 여성이 지배하는 학교 체제에 맡겨졌다. 그 결과 남성은 여성에 의해 평가받는 데 익숙해졌고 여성의 인정에 의존하게 됐다.

과격한 여권 운동은 은연중에 남성은 못됐거나 불필요한 존재임을 암시했다. 과격한 여권 운동이 확산되면서 남자들은 사랑받고 필요를 충족하려면 여성들이 기대하는 모습으로 바

뛰어야 한다는 신념을 더욱 확고히 다지게 됐다. 많은 남성의 입장에서 볼 때 그것은 곧 '나쁜' 인간으로 규정될 만한 특징을 감춰야 한다는 것을 의미했다.

20세기 역사 101

이번에는 지난 20세기 하반기 50년 동안 사회 변화의 일부 원동력들이 어떤 경로로 우리 문화에서 선남을 양산하게 됐는지 간단히 알아본다.

아버지의 실종

제2차 세계대전이 끝난 뒤 제조회사가 도래하고 인구가 도시로 밀집하면서 자식들 곁을 떠나는 아버지가 늘었다. 미국의 인구 조사에 따르면 1910년에는 전체 가구의 3분의 1이 시골에서 살았다. 1940년에는 그 숫자가 5분의 1로 줄었다. 1970년에는 전체 가구의 96퍼센트가 도시에서 거주하는 것으로 나왔다.

농경사회에서는 소년이 들판에서 아버지와 함께 일하면서 유대관계를 맺었다. 흔히 할아버지, 삼촌, 사촌들로 그 접촉의 범위가 확대됐다. 그처럼 남자들 틈에 어울려 살면서 소년은 남자란 어떻게 행동해야 한다는 것을 몸으로 배웠다. 아버지가 할아버지를 보면서 배웠듯 소년은 아버지를 보면서 남자란 어떻게 살아야 한다는 것을 배웠다. 제2차 세계대전이 끝나고 많은 가구가 시골에서 도시와 교외 지역으로 이주하면서 부자지간의 접촉도 크게 줄었다. 아버지는 아침 일찍 출근했다. 대다수 아들들은 아버지와 함께 시간을 보내기는커녕 아버지가 어떻게 행동하는지 구경할 기회를 얻지 못했다.

그런 점에서만 아버지를 잃어버리는 것이 아니었다. 일, TV, 술, 섹스 등에 중독된 아버지는 자식 곁을 떠났다. 이혼이 늘면서 아버지와 헤어지는 소년도 늘었다. 인구 조사 자료를 보면 이혼율은 1940~1970년 사이에 세 배로 늘었다. 1940년에는 여성이 가장인 가구가 5백만을 갓 넘었다. 1970년에 그 수치는 거의 세 배로 불어나 1천3백만 가구나 됐다.

한 마디로 말해 내가 연구한 선남들은 한결같이 유년기에 아버지와 긴밀한 유대관계를 가져보지 못했다고 말했다. 때로는 아버지가 일을 너무 오래 해서 그런 경우도 있고, 성격이 활달하지 못해서 그런 경우도 있었다. 선남들은 대체로 자신의 아버지를 부정적으로 평가했다. 그들이 바라본 아버지는 권위적이고, 화를 자주 내며, 만나기 어렵고, 자식들을 학대하고, 무엇엔가 중독돼 있고, 바람을 피운다는 것이었다. 선남이 유년기의 어느 시점에서 절대로 아버지 같은 사람은 되지 말아야겠다고 결심하는 것은 흔히 있는 일이다.

그처럼 유년기에 아버지가 채워 주지 못하는 빈자리는 대체로 어머니의 차지가 됐다. 소년을 사나이로 키우는 일을 여인들이 물려받은 것이다. 안타깝게도 아무리 뜻이 좋은들 여자가 아들을 사내다운 사내로 키우는 법을 제대로 알기는 어렵다.

나는 1940년대, 50년대, 60년대에 만들어진 상당수의 선남은 아버지 대신 아들을 사나이로 키우는 임무를 떠맡은 어머니들의 작품이라고 생각한다. 결과적으로 많은 선남은 여성의 입장에서 바라본 이상적인 남성상을 품고 자랐으며 여성들에 의해 평가받는 데 익숙하다.

여성이 지배하는 교육 제도

소년들이 여성의 손에 의해 자라게 된 데는 현대 교육 제도의 영향도 있다. 제2차 세계대전 이후 학교는 여성이 지배해 왔다. 대다수 소년들에게 처음 몇 해의 학교생활은 여성들을 만족시키는 방법을 배우는 기본 훈련 과정이 된다. 나의 경우 유치원에서 초등학교 6학년 때까지 담임선생 중 남자는 단 한 명이었고 나머지 여섯 명은 모두 여자였다. 미국 전체가 평균적으로 그렇다.

전국의 남성 대 여성의 교사 비율은 1대 3이다. 저학년의 경우 남자 교사의 수는 15퍼센트에 불과한데 그나마 꾸준히 줄고 있다. 전후의 남자아이들은 탁아소와 유치원과 초등학교를 거치는 동안 여인들에게 둘러싸여 지내온 것이다. 그들을 도와 줄 성인 남성은 거의 없었다. 이미 아버지로부터 떨어져 지내며 여자의 비위를 맞추는 법을 배운 소년의 경우는 전형적인 교육 제도에 의해 그 같은 현상이 더욱 심화했다.

베트남전

1960년대의 베트남전은 많은 베이비붐 세대 소년과 아버지들 간의 거리감을 더욱 구체화했다. 전쟁에 반대하는 젊은이들과 아버지 세대 사이에 전선이 형성됐다. 제2차 세계대전 참전 세대의 입장에서는 조국에 대한 책임감을 조롱하는 자식 세대들의 반항이 이해되지 않았다. 이 세대의 젊은이들은 모든 국내외 문제를 총과 대포로 해결하려는 기성 체제 및 아버지 세대와는 정반대의 가치를 부르짖었다. 반전 운동이 일어나면서 사랑과 평화, 그리고 갈등 회피를 중시하는 새로운 남성군이 등장했다.

여성 해방

같은 시기에 많은 여성이 직장에 나가기 시작하고 피임법의 발달로 자유를 얻게 되면서 여성 해방이 태동했다. 베이비붐 시대에 일부 여성은 머지않아 남녀의 역할에 변화가 일어나리라는 것을 내다봤다. 그들은 자녀를 미래의 변화에 대비시켰다. 딸을 키우는 많은 주부들은 딸들이 남자 없이도 살 수 있도록 길렀다. 동시에 자기 아들은 아버지와 다른 사람이 되도록 키웠다. 온순하고 베풀 줄 알고, 여자에게 자상한 남자로서.

60년대와 70년대에 거세게 분출된 여권 운동은 남성에 대한 분노를 상징했다. 일부 여권 운동가들은 세상의 모든 골칫거리는 남자들 때문에 생겼다고 말했다. 남자란 불필요한 성가신 존재일 뿐이라고 말하는 여성들도 있었다. 사실 그 시기에 여성들의 절대 다수는 남자들에 대해 그렇게 생각하지 않았다. 그럼에도 불구하고 성난 여인들이 워낙 목청을 높이는 바람에 많은 남성이 자신의 모습을 그대로 갖고 있어서는 안 되겠다고 생각하는 사회 분위기가 조성됐다.

'남자들은 돼지다', '모든 남자는 강간범이다' 따위의 표현이 그 시기에 흔히 듣던 말이다. 여권 운동가들이 내세운 좀 부드러운 슬로건으로는 '물고기가 자전거를 필요로 하지 않듯이 여성은 남성을 필요로 하지 않는다' 정도가 고작이었다. 이미 여성들의 눈치를 살피도록 훈련된 남성들은 특히 이런 식의 메시지에 어깨를 펼 수가 없었다. 그러면서 남성들은 더욱더 여자들이 무엇을 원하는지 파악하느라 바빠졌고 그들로부터 사랑받고 필요를 충족하기 위해 그들이 바라는 남자가 되려고 애쓰게 됐다.

유약한 남성과 애 같은 남자들

'아이언 존Iron John'[10]의 저자인 로버트 블라이Robert Bly는 베이비붐 세대의 사회 변화가 어떻게 새로운 미국인 남성을 탄생시켰는지에 관해 썼다. 블라이는 그들을 가리켜 '유약한 남성'이라불렀다.

그의 글을 옮겨 본다.

"그들은 사랑스럽고 소중한 사람이다. 나는 그들이 마음에든다. 그들은 지구를 해치거나 전쟁을 일으키는 데는 관심이없다. 그들이 인생을 살아가는 방식에서는 삶에 대한 점잖은태도가 엿보인다. 그러나 이런 남자들의 상당수는 행복을 느끼지 못한다. 그들에게서는 활기를 찾아볼 수 없다. 그들은 생명을 사랑하지만 반드시 생명을 주는 것은 아니다. 얄궂게도 이들은 활력이 철철 넘치는 여인들과 함께 사는 경우가 많다. 우리는 여기에서 잘 조정된 젊은이들을 만나게 된다. 이들은 환경 측면에서 아버지보다 우월하고 우주의 전체 조화를 중시하지만 막상 타인에게 줄 수 있는 활력은 별로 없다."

캐밀 팔리아Camille Paglia[11]는 약간 다른 시각에서 지난 50년 동

---

10 『남자만의 고독』이라는 제목으로 1992년 고려원에서 번역 발간했으나 현재 절판된 상태.

11 미국의 저명한 페미니스트 문화 평론가이자 칼럼니스트.

안의 사회 변화가 남성과 여성의 역할을 어떻게 바꿨는지 설명했다.

"정력적인 여성은 집에 돌아와서는 페르소나를 바꿔야 한다. 그 넘치는 힘에 제동을 걸지 않으면 집구석에 있는 모든 것이 힘을 쓰지 못하게 될 것이다. 상당수의 중산층 백인 여성들은 말 잘 듣는 착한 아이 같은 남자를 짝으로 삼는 방법으로 그 딜레마를 해결했다. 이 남자들은 식역識閾[12] 아래의 여가장이 지배하는 집안에서 또 하나의 아들로 전락한 것이다."

이런 남성을 '유약한 남성'이라 부르든 '예민한 뉴에이지 시대의 남성'이라 부르든, 또는 '선남'이라 부르든 간에 제2차 세계대전 후의 여러 사회적 사건들이 독특하게 한데 맞물려 많은 꼬마들이 이미 자기네 가족으로부터 받은 바 있는 메시지의 유효성을 더욱 확신하게 됐다. 다시 말해 자신의 원래 모습은 통하지 않는다는 것이다. 이런 사회적 사건들은 사랑받고 필요를 충족하고 순탄한 삶을 살아가려면 자신의 결점들을 숨기고 다른 사람들(특히 여성)이 그들에게 기대하는 모습으로 변해야 한다는 신념을 더욱 확대시켰다.

최근 몇 해 동안 관찰해 본 결과 현실적으로 위에 기술된 환

---

[12]   자극에 대하여 감각이나 반응을 일으키는 경계. 의식작용이 일어났다 사라졌다 하는 경계. 의식과 무의식이 넘나드는 경계.

경은 베이비붐 세대에서 끝나지 않았다. 심지어는 10대 사춘기 소년들을 포함해 20대 젊은이들 사이에서 선남 신드롬의 모든 특성을 그대로 보여주는 사람이 점점 늘고 있다. 이 젊은이들은 위에 열거된 모든 사회 변화의 원동력들에 의해 영향을 받았을 뿐 아니라, 편부모 가정에서 자라거나 선남 성향을 지닌 아버지의 손에 의해 자랐다. 이 글을 쓰는 지금 이 순간에도 선남 제 3세대가 태어나고 있다고 생각한다.

매우 무능한 남성들의 습관

위에 기술한 것과 같은 가정과 사회적 여건 조성의 결과로 선남은 사랑과 인생에서 자신이 원하는 것을 얻기 위해 고군분투할 수밖에 없게 됐다. 그러나 수치심과 비능률적 생존 메커니즘 때문에 그들이 그토록 열심히 쫓아가는 도로 지도는 그들을 목적지로 데려다 주지 못할 것이다. 정말 맥 빠지는 일이다. 그러나 그들은 인생 패러다임이 원래 그렇게 때문에 뭔가 색다른 것을 시도해 볼 생각은 하지 못하고 내내 같은 짓을 전보다 더욱 열심히 하는 것이 고작이다.

나는 선남들에게 종종 이런 말을 들려준다.

"늘 해오던 식을 계속 고집하면 늘 얻어 오던 것만 계속 얻게 될 것입니다."

여태까지 내가 한 말을 정리하자면 선남은 다음과 같은 이유로 사랑과 인생에서 자신이 원하는 것을 얻지 못한다.

- 다른 사람들의 인정을 받으려고 애쓴다.

- 결점과 실수를 감추려고 애쓴다.

- 자신의 필요는 뒤로 돌리고 남의 필요를 충족하는 데만 신경 쓴다.

- 자신의 힘을 희생하고 희생자 역할을 맡는다.

- 다른 남성들 및 자신의 남성적 에너지로부터 자신을 격리시킨다.

- 불만족스러운 관계를 공동 창출한다.

- 성생활을 즐기지 않는 환경을 만들어낸다.

- 잠재력을 발휘하지 못한다.

다음의 일곱 개 장에서는 치료 중인 선남의 생활방식을 바꾸는데 가장 효율적인 방법들을 알려 주기 위해 이미 효능이 입증된 계획을 소개한다. 계속 읽어 나가시도록. 이제라도 하루 빨리 사랑과 인생에서 자신이 원하는 것을 찾을 일이다.

만족하는
법을 배우자

만족하는 법을 배우자

미혼의 선남 토드(30)는 "나는 카멜레온"이라고 말한다.

"나는 사랑받기 위해 남들이 내게 어떤 모습을 기대하는지 상상한 다음 그렇게 변신한다. 똑똑한 친구들 앞에서는 똑똑한 체하고 어려운 말을 골라서 사용한다. 어머니 앞에서는 영락없이 사랑스러운 아들의 모습이다. 아버지와 함께 있을 때는 스포츠를 화제로 삼는다. 직장 친구들 앞에서는 욕도 하고…… 하여간 멋있게 보이려고 별짓을 다 한다. 그러다 보니 어떤 것이 진정한 나의 모습인지. 또는 사람들이 그런 나의 모습을 좋아하거나 하는지 모르겠다. 사람들이 내게서 어떤 모습을 기대하는지 모르고 산다면 외톨이가 되지 않을까 겁난다. 웃기는 것은, 그렇지 않아도 나는 거의 항상 외로움을 느낀다는 것이다."

선남이 하는 행위는 거의 모두가 의식적으로든 무의식으로든 남들로부터 인정받거나 또는 남들로부터 인정받지 못하는 불상사를 피하기 위한 의도를 띠고 있다. 선남은 거의 모든 인간관계와 사회 상황에서 그처럼 외부의 승인을 구한다. 그들이 낯선 사람이든 자신이 싫어하는 사람이든 개의치 않는다. 토드는 마음의 병이 되다시피 한 수치심 때문에 타인이 자신에게 기대하는 모습에 걸맞은 사람이 돼야 한다는 강박관념에 사로잡힌 사람의 한 전형이다.

외부의 승인을 구하는 과정은 선남이 흔히 저지르는, 본인의 의사와는 다른 효과를 거두는 쓸데없는 짓 가운데 하나에 불과하다. 선남은 모든 세상 사람의 비위를 맞추려고 하다가 오히려 자기 자신을 포함해 그 누구의 비위도 맞추지 못하게 된다.

인정받기

선남은 자신의 원래 모습이 괜찮지 않다고 생각하기 때문에 자신과 타인에게 갖가지 방법으로 자신이 사랑스럽고 매력적인 사람이라는 점을 납득시키려고 애쓴다. 남들로부터 괜찮은 사람이라는 소리를 듣기 위해 자신의 어떤 것(외모, 재주, 지성)에 초점을 맞출 수도 있고, 자신이 잘하는 것(친절하게 행동하거나 춤을 추거나 일을 열심히 하는 것)이나 외부 요인(매력적인 부인, 귀여운 자녀, 멋진 자동차)에 초점을 맞출 수도 있다.

그런 식으로 가치를 찾는 행위를 나는 '부착附着'이라 부른다. 선남은 자신의 정체성과 가치를 그런 것들에 부착하고 그것들을 이용해 자신과 타인에게 자신이 소중한 사람이라는 점을 납득시킨다. 선남은 그런 부착이 없으면 자신에게 달리 다른 사람의 사랑을 받을 요인이 없다고 생각한다. 이런 사람들에게는 선남이라는 것 자체가 궁극의 부착이다. 이들은 반드시 '착하게' 행동하고 '올바르게' 처신한다는 각오가 자신을 소중한 존재로 만들어 주고 한편으로는 형편없는 사람이라는 열등감을 보상해 준다고 맹신한다.

선남은 수치심이 병적 수준이기 때문에 사람들이 자신의 있는 모습 그대로를 보고 좋아하고 사랑할 수도 있다는 것을 전혀 이해하지 못한다. 자신이 형편없는 사람이라고 믿고('나는 진짜 선량한 사람'이라고 말하는 선남은 이 점을 깨닫지 못하지만 사실 그들의 의식 저변에는 그런 믿음이 깔려 있다) 만일 어떤 사람이 자신의 참모습을 알게 되면 자신과 같은 결론을 내릴 것이라고 가정한다. 자신을 소중한 사람이라고 느끼게 만들어 주고 남들의 인정을 받게 만들어 주는 것들에게 자신을 부착시키는 행위는, 사랑받고 필요를 충족하고 순탄한 삶을 살려면 반드시 필요한 것으로 여겨진다.

행동요령 4

'선남은 이제 그만' 그룹의 일부 회원들을 상대로 외부 승인을 얻기 위해 어떤 방법을 쓰는지 조사한 적이 있다. 다음과 같은 반응들이 나왔다. 리스트를 살펴보라. 당신은 그 중 어디에 해당하는가. 이 리스트에 자신의 독특한 행동을 추가한다. 각 행동의 실례를 적는다. 그리고 자신의 행동이 다른 사람들 눈에 어떻게 비치는지 의견을 듣는다.

- 헤어스타일을 늘 단정하게
- 똑똑한 체한다.
- 목소리를 부드럽게, 위협적으로 들리지 않도록
- 이기심이 없는 사람이라는 인상을 준다.
- 맨 정신을 유지한다.
- 몸매 관리
- 춤을 잘 춘다.
- 훌륭한 애인이 된다.
- 절대로 화를 내지 않는다.
- 다른 사람을 행복하게 해준다.
- 모범 직장인이 된다.
- 차를 깨끗하게 세차한다.
- 옷을 잘 입는다.
- 친절한 행동
- 여성을 존중한다.
- 다른 사람을 불쾌하게 만들지 않는다.

선남들의 부착 사용법

캘은 남들의 승인을 받기 위해 부착을 이용한다는 점에서 전형적인 선남이다. 캘은 늘 좋은 컨디션을 유지하고 좋은 차를 몰고 다니며 잘 차려 입고 귀여운 딸을 기르며 매력적인 여자를 아내로 둠으로써 외부의 승인을 얻으려 한다. 그가 어떤 방법으로 남들의 승인을 얻는지 알아보기 위해 그의 부착 가운데 하나를 골라 살펴보자.

캘은 두 살짜리 딸에게 예쁘고 귀여운 옷을 입혀 공원에 데려가기를 좋아한다. 딸에게 옷을 입히는 순간부터 그는 무의식 중에 '훌륭한 아빠' 노릇을 함으로써 얻게 되리라고 기대되는 주위의 인정에 자신의 가치와 정체성을 부착한다. 딸을 데리고 산책 나가면 사람들이 아이를 쳐다보고 미소 지으리라는 것을 알고 있다. 어떤 사람은 "귀여운 딸이 아빠를 따라 산책 나왔네"라고 말할 것이다. 개중에는 가던 걸음을 멈추고 아이의 나이를 묻는 사람도 있을 것이고 정말 너무 귀여운 딸을 뒀다고 입에 침이 마르도록 칭찬하는 사람도 있을 것이다. 캘은 그런 관심으로부터 만족감을 얻는다.

그러나 그런 캘의 부착에 진정으로 가치를 부여하는 사람이 아무도 없다는 점은 아이러니다. 더욱이 그가 외부 확인 장치에 지나치게 의존하는 바람에 사람들은 그의 참모습을 제대로 알 수 없다. 이런 부착들 중 그 어느 것도 한 인간으로서 캘의 모습과는 관계가 없다. 그럼에도 불구하고 그는 그것들이 자신에게 정체성과 가치를 부여한다고 믿는다.

여성들로부터 인정받기

선남은 일체의 사회 상황에서 외부 확인 장치를 추구하지만 타인의 승인을 향한 갈구는 여성과의 관계에서 가장 두드러진다. 선남은 여성의 승인이야말로 자신들의 가치에 대한 최종 확인이라고 생각한다. 여성의 승인은 여러 가지 형태로 나타난다. 섹스를 하고 싶어하는 욕망, 추파, 미소, 접촉, 관심 등등. 그와는 반대로 만일 한 여인이 기분이 좋지 않거나 화가 나 있을 때 선남은 그것이 자신을 받아들이지 않거나 승인하지 않는 것이라고 해석한다.

　여성의 마음에 들려고 애쓰다 보면 부작용이 한두 가지가 아니다.

　여성의 마음에 들기 위해 애쓰는 선남은 어떤 여인을 대할 때 늘 동침 가능성을 염두에 둔다. 선남은 여인과 섹스를 하는 사이가 되면 완전히 받아들여진 것이고, 또 여인은 기분이 좋아야만 섹스에 동의하리라고 생각하기 때문에 원하는 여인의 비위를 상하지 않도록 늘 세심한 주의를 기울인다. 더 나아가 원하는 여인이 화가 나 있거나 의기소침해 있거나 기분이 나쁜 상태일 경우에는 그것을 개선하기 위해 거짓말을 하든, 해결책을 제시하든, 자신을 희생하든, 술수를 꾸미든, 하여간 뭔가 해야 한다고 생각한다.

여인과의 동침 가능성을 염두에 둔다고 해서 반드시 섹스에만 국한해 말하는 것은 아니다. 선남은 가정과 사회 여건상 여자들의 기분을 상하게 하는 일을 해서는 안 된다고 배웠기 때문에 심지어 동침할 마음을 품지 않은 여자들의 기분도 상하지 않게 하기 위해 매우 조심한다.

여성의 마음에 들기 위해 애쓰다 보면 양자의 관계를 설정하는 주도권이 여자에게 넘어간다. 선남은 자신의 기분은 종종 파트너에 따라 영향을 받는다고 말한다. 그녀가 기분이 좋아 만사 오케이라면 자기도 그렇다. 또 그녀가 화가 나 있거나 의기소침해 있거나 스트레스를 받고 있다면 자기도 그녀의 기분이 나아질 때까지 똑같은 상태에 처하게 된다. 이 관계는 뿌리가 워낙 깊기 때문에 파트너는 전혀 그렇지 않은데 자기 혼자만 기분이 좋은 상태라면 죄의식을 느낀다고 내게 말하는 선남이 많았다.

여성의 마음에 들기 위해 애쓰다 보면 여자들이 그 남자의 가치를 마음대로 정할 수 있게 된다. 만일 어떤 여자가 선남에게

"당신 생각이 틀렸다"고 말하거나 또는 "당신은 얼간이"라고 말할 경우 이 남자는 여자의 말이 맞다고 생각하기 쉽다. 설령 선남이 여자의 평가에 동의하지 않는다 하더라도 마음속으로 어느 정도는 아무래도 여자의 말이 맞을 거라는 생각을 하게 된다.

여성의 마음에 들기 위해 애쓰다 보면 여성에 대해 분노를 느끼게 된다. 대다수 선남은 여성을 사랑한다고 말하지만 실은 그들 대다수가 여성에 대해 엄청난 분노를 느낀다. 그 이유는 우리 인간은 신神으로 섬기는 것들을 결국에는 경멸하게 돼 있기 때문이다. 신이 우리의 기대대로 반응하지 않을 경우 우리 인간은 두 가지 방식으로 반응한다. 맹목적으로 숭배 행위를 강화하든가, 아니면 정의의 분노를 폭발시키는 것이다. 선남이 한 여인이나 또는 여인들을 숭배의 대상으로 삼고 환심을 사려고 애쓰는데 그 숭배의 대상이 기대에 부응하지 못할 경우 조만간 그 숭배 의식은 분노로 바뀌게 마련이다. 그렇기 때문에 우리는 선남이 어느 순간 한 여인에 대한 영원한 사랑을 맹세하고는 잠시 뒤 씩씩거리면서 "죽일 년 살릴 년" 하고 욕하는 모습을 자주 보게 되는 것이다.

내가 알아본 바에 따르면 여성의 평가에 예민하게 반응하는 것은 동성연애자 선남도 이성연애자 못지 않았다. 게이 선남은 여성의 성적 매력은 자신에게 통하지 않는다고 확신하기 때문에 여성이 자기에게 힘을 못쓴다고 착각에 빠질 수 있다.

은닉의 도사들

우리 아들 스티브가 아홉 살 때 볼펜을 갖고 놀다가 실수로 주방 식탁에 구멍을 몇 개 냈다. 잘못했다는 것을 깨달은 녀석은 이내 엄마에게 사실을 보고했다. 스티브는 실수에 대해 적절하고 건강한 수치심을 느낀 것이다. 녀석은 자신의 부주의로 식탁이 손상됐다는 것을 알았다. 자기가 책임져야 한다는 것도 알았다. 가장 중요한 것은, 자기가 나쁜 사람은 아니라는 점을 알고 있었다는 것이다.

만일 내가 어린 시절(또는 어른이 된 뒤에라도) 똑같은 짓을 했다면 병적 수치심에 사로잡혀 한 짓을 감추거나 부인하려고 애썼을 것이다. 들통이 날 경우 누군가가 내게 화를 내고 더 이상 나를 사랑하지 않으리라는 생각을 품었을 것이다. 비밀을 간직한 채 살아가면서 늘 언젠가는 들통나리라는 두려움 속에서 살았을 것이다.

많은 선남들이 우리 아들 같은 상황에 공감이 간다고 말했다. 그들은 예외 없이 자기 같았으면 스티브와는 정반대로 나가 그것을 은폐하려 했을 것이라고 시인했다.

위에서 본 것처럼 선남이 하는 모든 일은 남의 승인을 얻기 위해 미리 계산된 것이다. 선남은 원래 자신의 모습이 괜찮지 못하다고 생각하기 때문에 어떤 실수나 결함을 자신이 나쁘거나 사랑받지 못할 증거로 해석한다. 자신이 형편없는 인간이라는 사실이 누군가에게 들통 나면 상처받고 망신당하거나 또는 '왕따'당할 것이라고 생각한다. 그래서 선남은 완벽한 은폐의 달인이 된다.

선남은 다음과 같은 단점을 감추거나 타인이 눈치채지 못하도록 관심을 다른 데로 돌려야 한다고 생각한다.

- 뭔가 잊을 경우
- 뭔가 잘못할 경우
- 지각할 경우
- 우울할 경우
- 뭔가 깨뜨릴 경우

- 고통 받을 경우

- 뭔가 이해하지 못할 경우

- 일을 망칠 경우

선남은 숨쉬는 인간이라면 어쩔 수 없는 기본적인 측면에서 조차 은폐의 필요성을 느낀다.

- 성생활을 해야 한다는 사실

- 머리털이 빠진다는 사실

- 신체가 기능을 한다는 사실

- 뭔가를 필요로 한다는 사실

- 늙어 간다는 사실

- 자신이 불완전하다는 사실

행동요령 6
위의 리스트를 검토한다. 그런 결점들을 감추려 했거나 타인의 눈을 다른 데로 돌리려 했던 실제 상황의 예를 적는다. 그것을 사랑하는 사람들이 모르게 비밀로 유지하는 데 얼마나 성공했다고 생각하는가?

증거 은닉

선남은 결점과 실수를 감추기 위해 온갖 기발한 방법을 생각해 낸다. 그 방법이란 다음과 같다.

거짓말

대다수 선남은 자신이 솔직하고 믿을 만한 사람이라는 자부심을 갖고 있다. 얄궂게도 선남은 기본적으로 솔직하지 못하다. 선남은 거짓말을 하고, 일부 사실만을 말하고, 다른 사람이 자신을 부정적으로 생각하지 못하도록 막는 데 도움이 된다고 판단되면 정보를 생략한다.

유리한 해석

선남은 착하게 굴고, 남에게 주고, 배려하려고 너무 애를 쓰기 때문에 혹시 잘못을 저지르더라도 용서받아 마땅하다고 생각한다. 일부 선남은 일만 대체로 올바르게 하면 설령 일부 잘못을 저지르더라도 그런 것을 트집 잡아서는 안 된다고 생각한다.

수리

성숙한 사람은 자신의 행위에 대해 책임질 줄 안다. 실수를 저지르거나 부적절한 행동을 했을 경우 사과하고 보상하거나 피해를 고쳐준다. 선남은 그와는 거꾸로 다른 사람이 기분을 상하지 않도록 필요한 모든 조치를 미리 취함으로써 상황을 고치려 든다.

방해변합 반응

'방해변합'이란 방어, 해명, 변명, 합리화의 머리글자를 딴 말이다. 이런 것들은 모두 다른 사람이 선남의 실수나 '나쁨'에 관심을 갖지 못하도록 방해하려는 목적으로 행하는 행동들이며 공포에 뿌리를 둔다. 선남이 어떤 일을 했거나 또는 어떤 일을 하지 못했을 경우 누군가(대체로 아내나 파트너나 상사)가 그를 붙들고 자신의 생각을 이야기하면 선남은 방해변합 반응을 보일 가능성이 높다.

역습

만일 어떤 사람이 선남에게 화를 내거나 결점이나 실수를 지적하면 선남은 수치심을 느끼게 된다. 그럴 경우 선남은, 제3자는 물론 자신의 눈길을 그 잘못으로부터 다른 데로 돌리기 위해 오히려 제3자의 수치심을 유발하는 역공작전을 택할 수 있다. 나는 이것을 '수치심 덤핑'이라 부른다. 이 같은 무의식적 전략은 관심의 초점을 타인의 잘못으로 옮길 수만 있다면 자신은 스포트라이트에서 벗어날 수 있다는 계산에 근거한 것이다.

수치심 덤핑의 전형적 수법으로는 비난하기, 옛날 이야기 끄집어내기, 비껴가기, 다른 사람의 결점 지적하기 등이 있다.

장벽

선남은 다른 사람이 너무 가까이 다가오지 못하도록 장벽을 세운다. 그것은 타인과 가까워지려는 노력에 영향을 미친다는 단점은 당연히 있지만 동시에 자신의 정체가 들통나지 않는 장점도 있다. 이런 유형의 장벽으로는 중독(음식, 섹스, TV, 알코올, 일), 유머, 빈정거림, 지성주의, 완벽주의, 고립 등이 있다.

테플론 맨

선남은 남들에게 좋은 인상을 남기고 남들이 자기를 좋아하게 하려고 애를 쓰지만 위에 든 것 같은 방어 기제들이 사람들의 접근을 막는다. 선남에게서 볼 수 있는 대부분의 패턴과 마찬가지로 그런 무의식적인 행동들이 실은 선남이 진정으로 갈구하는 것과는 정반대의 결과를 낳는다. 선남은 사랑과 인간관계를 갈망하지만 그의 행동은 사람들이 다가오는 것을 막는, 보이지 않는 힘의 장場 역할을 한다.

　일반적으로 우리는 완벽해 보이는 사람에게 매력을 느끼지 못한다는 사실을 선남은 잘 이해하지 못한다. 사람들은 같은 취미, 같은 고민거리에 이끌리고, 어떤 사람이 내뿜는 삶의 에너지에 이끌린다.

인간은 인간에게 이끌린다. 참모습을 감추고 완벽한 이미지를 내보이려고 애쓰는 사람에게서는 모호하고 종잡을 수 없으며 생명력이 없고 흥미 없는 모습만 느껴진다. 나는 선남을 종종 테플론 맨이라고 부른다. 그들은 워낙 매끄러운 사람이 되려고 노력하기 때문에 표면에 아무것도 달라붙을 수 없다. 유감스럽게도 이 테플론 코팅은 사람들이 가까워지는 것도 어렵게 만든다. 한 사람이 다른 사람에게 이끌리게 되는 것은 실은 그의 울퉁불퉁한 면과 인간적인 불완전성 때문인 것이다.

자기 승인

선남 신드롬에서 탈출하려면 핵심 패러다임을 바꿀 필요가 있다. 외부 확인을 구하고 타인의 부정의 눈길을 피하는 대신 자기 승인을 찾는 과정에 돌입해야 한다.

아이로니컬하게도 선남은 자기 자신에게 눈길을 돌리는 순간 그 동안 그토록 애타게 갈구해 온 타인과의 관계가 맺어지는 것을 체험할 수 있다. 그 과정을 좀 더 단축하기 위해 선남은 다음과 같이 할 필요가 있다.

- 자신이 어떤 식으로 남의 승인을 구하는지 파악한다.
- 자신을 잘 돌본다.
- 자신을 인정한다.
- 혼자 보내는 시간을 연장한다.
- 신뢰할 수 있는 안전한 사람들에게 자신의 참모습을 드러낸다.

행동요령 7

다음 질문을 생각해 본다.

사람들이 당신의 인간적 약점을 보고도 여전히 당신을 사랑할 수 있을 것 같은가?

무슨 일이 있어도 당신을 생각해 주고, 당신 곁을 떠나지 않고, 당신을 계속 사랑해 줄 사람이 있다면 당신은 어떻게 달라졌을 것인가?

타인의 승인을 구하는 경위를 파악하면
자신을 승인하는 법을 배우는 데 도움이 된다

이상하게 들릴지는 몰라도 선남은 먼저 원래의 자기 자신으로 돌아가는 법을 훈련해야 한다. 그 과정을 시작하는 한 가지 방법은 남에게 좋은 인상을 남기거나 인정받고 싶을 때 자신이 어떻게 행동하는지 주목하는 것이다. 치료 중인 선남은 헤어스타일을 다듬느라 시간을 보내고, 다른 사람이 먼저 들어가도록 출입문을 붙들고 서 있고, 주방을 청소하고, 공원에서 아기를 데리고 산책하는 자신의 모습을 발견하게 되는데 그 모든 행동의 목적은 오로지 남들의 눈길을 끌고 칭찬이나 받자는 것이다.

남의 승인을 받기 위해 얼마나 많은 시간과 에너지를 쓰는지 깨닫게 되면서 안팎이 뒤바뀌는 새로운 생활을 시작할 수 있다.

무슨 말인고 하니, 인정받기 위해 신경을 밖으로 쓰는 것이 아니라 안으로 쓰게 된다는 것이다. 그렇게 함으로써 스스로 다음과 같은 중요한 질문들을 던질 수 있다.

'내가 원하는 것은 무엇인가?'

'어떤 것이 올바른 것인가?'

'나를 행복하게 만드는 것은 무엇인가?'

이 장의 앞부분에서 나는 가치를 얻기 위해 자신이 아닌 외부의 '부착'을 사용하는 선남의 일례로 캘을 들었다. 개인 치료 시간에 나는 캘에게 남들로부터 인정받기 위해 이용하는 물건들의 리스트를 적어 보라고 말했다. 다음 주 그는 가치를 얻기 위해 그것을 어떻게 사용하는지 잘 관찰하라고 일러 주었다.

캘은 자동차에 초점을 맞춰 보기로 결정했다. 캘은 자가용이 안팎으로 늘 깨끗한 상태여야만 마음이 놓였다. 자동차야말로 사람들에게 좋은 인상을 주고 사람들이 자신을 좋아하도록 만들 수 있는 물건이라고 생각했다. 그는 다음 달에는 일부러 세차를 하지 않고 진공청소기로 먼지를 제거하는 일도 하지 않기로 결심했다. 그러는 동안 자신의 느낌과 자신에 대한 사람들의 반응을 관찰하기로 했다.

캘은 시애틀에서 살기 때문에 그의 차는 곧 비와 때에 절어 시커멓게 더러워졌다. 그는 세차를 하고 싶은 충동을 여러 번 참아야 했다. 차를 몰고 길에 나설 때는 사람들이 그 더러운 차를 보고 자신을 판단할 것이 틀림없다는 생각이 들었다. 출근길에, 또는 친구 집에 갈 때 누군가가 한 마디 해주기를 기다렸다. 딸애가 차 표면에 들러붙은 먼지 속에 손가락을 대고 그림을 그릴 때는 정말이지 견디기 어려웠다.

한 달이 지난 뒤 캘은 드디어 세차를 하고 왁스로 광을 내면서 해방감을 느꼈다. 그런데 놀랍게도 그 한 달 동안 그의 지저분한 차에 대해 입을 연 사람은 한 사람도 없었다. 또 그 때문에 그가 싫어졌다거나 정나미가 떨어졌다고 하는 사람도 한 사람도 없었다. 마찬가지로 한 달 뒤에 차를 닦고 광을 냈다는 이유로 그가 더 좋아졌다는 사람도 없고 새 친구가 생긴 것도 아니었다.

행동요령 8

이 장의 앞부분에 나와 있는 눈치 보기 행동들 리스트로 돌아간다. 당신이 외부 승인을 얻기 위해 하는 행동을 하나 골라 다음과 같이 한다.

1) 그 행동을 유예한다. 그 행동을 중지하는 일정 시간을 정한다. 그리고 주변 사람들에게 그 사실을 알린다. 깜박 잊고 그 행동을 했을 경우 안전한 사람에게 그 사실을 알린다. 그 실수에 대해 생각하면서 하필이면 왜 그 순간에 외부 승인을 구할 필요를 느꼈는지 생각해 본다.

2) 그 행동을 의도적으로 더 많이 해본다. 말이 안 되는 소리같이 들리겠지만 이 방법은 비정상적인 행동을 탐구하는 데 매우 유용하다. 외부 승인을 구하기 위해 의식적으로 노력할 때 어떤 기분이 드는지 관찰한다.

자신을 잘 돌보면
자신을 승인하는 법을 배우는 데 도움이 된다

자신에 관한 신념을 바꾸려면 자신을 돌보는 것이 필수다. 만일 선남이 자신은 대단한 사람이 못 된다는 생각을 할 경우 그 생각은 자신에 대한 행동들에 반영되게 마련이다. 치료 중인 선남이 자신을 위해 좋은 일들을 의식적으로 행하기 시작하면 이런 행동들은 은연중에 자신이 대단한 가치가 있는 사람이라는 점을 암시하게 된다.

내가 선남들에게 이런 이야기를 하면서 자신을 위해 할 수 있는 좋은 일을 생각해보라고 하면 고작 한두 가지밖에 내놓지 못하는 경우가 많았다. 우리는 함께 지혜를 모아 할 수 있는 일들의 목록을 만들고는 했다. 여기서 말하는 좋은 일들에는 물을 많이 마신다거나 플로스floss13로 치아를 청소하는 것 같은 단순한 행동에서, 여행을 간다든가 늘 꿈꿔왔던 자동차를 산다든가 하는 좀 더 광대한 일들이 포함된다. 몇 가지 가능한 것들을 밑에 적어 보았다.

- 운동, 산책
- 건강식 섭취
- 숙면
- 긴장 이완, 놀기, 농땡이 치기
- 마사기 받기
- 친구들과 외출
- 새 신발 구입

---

13   치과나 가정에서 이쑤시개 대신 사용하는 명주실.

- 구두 닦기
- 치과 가기
- 신체검사
- 음악 감상

치료 중인 선남이 자신을 위해 좋은 일들을 하면 어색하다는 기분이 들 것이다. 실제로는 공포감이나 초조감과 죄의식을 느끼거나 혼란에 빠질 수도 있다. 이것은 전문 용어로 '인식 부조화'라고 부르는 현상이다.

선남이 자신을 위해 어떤 좋은 일을 하는 것은 자신이 중요한 사람이라는 전제가 깔린 일을 하는 것이다. 그것은 자신이 쓸모없는 인간이라는 머릿속 깊숙이 자리잡은 신념과 상치된다. 그 결과 인식의 부조화를 겪게 된다. 두 가지 메시지가 충돌하는 현상이다. 시간이 지나면 그 중 한 가지 신념이 승리를 거둘 것이다. 나는 치료 중인 선남에게 아무리 겁이 나더라도 자신을 계속 특별 대우하라고 권유한다. 시간이 흐르면 어린 시절 뇌리에 박힌 메시지는 사라지고 그 자리를 대신 그들의 고유 가치를 반영하는 좀 더 정확한 신념이 차지할 것이다.

이 장 앞부분에 소개된 토드는 남들로부터 칭찬받을 일을 하는 데만 워낙 많은 시간을 쏟느라 막상 자기 자신을 위해

한 일은 거의 없었다. '선남은 이제 그만' 그룹의 다른 회원들의 권유를 받고 토드는 일부러 자신을 위한 일을 해보기로 결심했다. 우선 스스로 양말과 속옷을 사는 조촐한 일부터 시작했다.

몇 주 후 그는 훈련 프로그램을 시작하고 열심히 노력했다. 비록 죄의식이 들기는 했지만 격주로 마사지 요법을 받으러 다니기 시작했다. 여섯 달 뒤 2천 달러의 회비를 내고 싱글족 클럽에 들어가기로 했다. 간혹 그럴 가치가 없다는 작은 목소리가 나오기는 했지만 그는 그렇게 한 것이 자신이 평생 해본 일 중에서 가장 긍정적인 일이라는 데 그룹과 의견의 일치를 봤다. 그로부터 두 달 뒤 그는 두 여자와 데이트를 했는데 두 여자 모두 자신을 있는 모습 그대로 좋아하는 것 같다고 말했다.

행동요령 9
위의 리스트에 자기 자신을 위해 할 수 있는 좋은 일들의 리스트를 첨가한다. 그 리스트를 잘 보이는 곳에 붙여 놓고 매일 적어도 한 가지를 골라 실천한다.

자신을 긍정하면
자신을 승인하는 법을 배우는 데 도움이 된다

긍정적 사고는 선남의 머릿속에 박혀 있는 자신에 관한 생각을 바꾸는 데 도움이 된다. 긍정적 사고를 가지면 선남의 가치에 대해 전에 갖고 있던 부정확한 메시지가 좀 더 현실적인 새 메시지로 바뀐다. 단독으로 사용할 경우 긍정적 사고의 효능은 대체로 오래 가지 못한다. 긍정적 메시지들은 선남이 자신에 관해 갖고 있는 뿌리 깊은 낡은 생각과 반대되기 때문이다. 긍정적 사고는 오로지 선남의 기존 신념을 바꾸는 데 도움이 되는 다른 방법들과 병행할 경우에만 효과가 있다.

혼자서 시간을 보내면
자신을 승인하는 법을 배우는 데 도움이 된다

선남 신드롬을 치료하는 데는 혼자서 긴 시간을 보내는 것이 중요한 과정이다. 선남은 혼자 있을 때는 자신이 누구인지, 좋은 점이 무엇인지, 그리고 인생을 살아가면서 어떤 규칙을 선택하는지 알 수 있다. 나는 선남들에게 아는 사람이 없는 곳으로 여행을 떠나 혼자만의 시간을 가져보라고 권유한다. 그런 상황에서 선남은 다른 사람의 눈치를 살필 이유가 별로 없고 결점이나 실수를 감추려고 애쓸 필요도 줄어든다. 한편 혼자 있는 동안 선남은 자기 자신과 인생의 방향을 되돌아볼 수 있다. 동시에 자신의 필요 충족에 대한 책임지는 연습을 하기에도 좋은 시간이 된다.

치료 중인 선남은 혼자 있을 때 남의 눈치를 살피거나 타협할 필요 없이 원하는 행동을 할 수 있다. 눕고 싶을 때 눕고, 일어나고 싶을 때 일어날 수 있다. 먹고 싶은 음식이나 먹는 시간도 마음대로 정할 수 있다. 가고 싶은 곳에 가고, 하고 싶은 일을 할 수 있다. 혼자 있으면 아무래도 타인에게 신경을 덜 쓰게 되고, 남의 눈치를 덜 살피게 되며, 자신을 희생할 일도 없고, 남의 일에 해결사를 자처할 일도 없다.

긴 시간을 혼자서 보내다 보면 선남이 가장 두려워하는 고독과 소외를 똑바로 직시하는 데도 도움이 된다. 혼자서 시간을 보내면 죽기라도 하는 줄 알고 있던 선남이 막상 그렇지 않다는 것을 깨닫게 되면, 사이가 좋지 않은 사람과 계속 관계를 유지할 필요가 없으며, 참지 못할 행위를 참아줘야 할 이유도 없고, 자신의 필요 충족을 위해 사람들에게 잔꾀를 부릴 필요도 없다는 점을 깨달을 수 있다. 이처럼 혼자서 시간을 보냄으로써 섹스, 음식, 알코올을 치료 목적으로 이용하거나 늘 바빠야만 마음이 놓이는 등의 중독성 행동 패턴이 자신에게 있다는 점을 깨달으면 그 여행은 소기의 성과를 거둔 것이다. 이 요법을 실시하는 기간에는 일기를 써보는 것도 특히 좋은 방법이 된다. 내가 지금까지 살아오면서 나 자신을 돌아보기에 가장 좋은 시기였다고 생각되는 때는 주말 캠핑 여행을 떠나거나 일주일 동안의 휴가, 또는 아내가 한동안 다른 데 가 있는 동안이었다.

행동요령 10

긍정적인 자기 최면 리스트를 만든다. 그것을 카드에 적은 다음 눈에 잘 띄는 곳에 붙여 놓는다. 카드를 수시로 교체해 늘 새로운 상태를 유지한다. 자신감을 북돋는 글귀를 읽은 다음 눈을 감고 그 말들의 의미를 충분히 음미한다. 혹시 자신이 전부터 갖고 있던 뿌리 깊은 고정 관념 때문에 마음속에서 그런 긍정적 측면을 거부하려는 생각이 고개를 들지 않는지 관찰한다.

긍정적인 자기 최면의 예는 다음과 같다.

• 나는 현재의 모습 그대로 사랑받을 만하다.
• 나는 철저하게 불완전하다.
• 나의 욕구는 소중하다.
• 나는 강하고 힘센 사람이다.
• 그것은 내가 처리할 수 있다.
• 사람들은 나를 있는 그대로 사랑하고 인정한다.
• 인간이 실수를 하는 것은 당연하다.
• 내가 비위를 맞춰줄 사람은 오직 나뿐이다.

자신의 정체를 드러내면
자신을 인정하는 법을 배우는 데 도움이 된다

선남은 인간성을 남들에게 감추려고 들면서 자신은 나쁜 인간이며 사랑받을 수 없는 사람이라는 신념을 굳히게 된다. 그런 신념을 바꾸려면 그들의 인간성을 공개의 장으로 끌어내 병적 수치심을 백일하에 드러내고 어린 시절에 체득한 메시지보다 더욱 정확한 메시지를 받아야 한다. 이 과정을 통과하려면 반드시 믿을 수 있는 안전한 사람이 곁에 있어야 한다.

처음에는 겁도 좀 나겠지만 자신을 인정하는 법을 익히려면 이처럼 반드시 안전한 사람을 구해야 한다. 치료 중인 선남은 이 과정을 혼자서는 할 수 없다. 안전한 사람은 모든 선남이 자신의 가치에 대해 갖고 있는 비뚤어진 생각을 뒤집는 데 반드시 필요하다.

이 과정에는 신뢰 구축이 전제돼야 한다. 나는 치료 중인 선남에게 자신이 택한 안전한 사람이나 그룹을 정기적으로 만나는 시간을 정해 놓고 한 번에 조금씩 자신의 정체를 드러내라고 권유한다. 이 과정은 단순히 자기 자신에 대해 이야기하는 것으로 시작되지만 그렇게 하는 것 자체가 선남에게는 어색하기 짝이 없다. 시간이 좀 지나면 치료 중인 선남은 남들에게 알리기 거북스러운 이야기도 털어놓을 수 있다. 일단 신뢰가 구축되면 자신이 두려움이나 수치심을 느끼게 되는 원인에 대한 이야기를 털어놓을 수 있다. 나는 많은 선남들이 처음에는 쭈뼛쭈뼛하다가 결국 안전한 사람들 앞에서 자신의 마음속 깊이 담고 있던 비밀들을 털어놓는 광경을 많이 봤다.

행동요령 11

주말에 산이나 바다로 놀러 갈 계획을 짠다. 가능하면 아는 사람이 전혀 없는 곳으로 일주일 이상 떠나는 것을 원칙으로 한다. 형편이 되면 혼자서 외국으로 떠난다. 이 시간을 자기 관찰과 반성의 시간으로 활용한다. 일기를 적는다. 자신을 돌보는 연습을 한다. 이 책을 갖고 가서 행동요령을 연습한다. 집에 돌아갈 때는 자신이 얼마나 달라졌는지, 또 얼마 만에 과거의 패턴으로 돌아가게 되는지 잘 관찰한다.

알코올 중독 치료 중이며 '선남은 이제 그만' 그룹 회원인 레이드가 그 전형적인 예다.

레이드는 어느 날 저녁 늦게 그룹에 들어와 처음 30~40분 동안은 혼자 가만히 앉아 있었다. 레이드가 그룹에서 보여준 활동 패턴은 활발하게 논의에 참여하거나, 아니면 혼자 떨어져 앉아 있든가 둘 중 하나였다. 그가 조용히 앉아 있다는 것은 정서적으로 갈등을 겪고 있다는 표시였다. 적절한 기회가 왔을 때 나는 레이드에게 수심이 그득해 보이는데 별일 없느냐고 물었다.

일단 좌중의 시선이 자신에게 쏠리자 초연하게 앉아 있던 그의 얼굴이 겁에 질린 표정으로 돌변했다.

"하마터면 오늘 밤에 못 올 뻔했어요. 실은 모임을 탈퇴할 생각까지 했었죠."

두어 사람이 그룹의 관심을 대변해 무슨 일이 있었느냐고 물었다.

"기분이 아주 더럽습니다. 너무 끔찍한 짓을 저질러서 여러분 얼굴을 대하기조차 민망스럽고요."

나의 생각은 그가 도대체 그룹 회원 전원으로부터 심판을 받을 만한 무슨 짓을 저질렀을까 하는 의문을 향해 마구 달려갔다. 회원 한 명이 혹시 바람을 피웠느냐고 물었다.

"그 정도면 다행이게요. 너무나 끔찍한 짓을 저질러서 여러분에게 이야기를 할 수 있을지조차 자신이 없네요."

회원들이 사방에서 격려하며 말을 해보라고 응원하자 레이드는 두려움과 수치심을 극복하고 마음을 열기 시작했다.

"저는 지난주에 상사로부터 꾸지람을 들었고 마누라와 싸움도 벌였어요. 기분이 너무 안 좋아서 밖에 나가 보드카를 산 다음 홀짝거리기 시작했죠. 그 뒤로 술에 절어 지냈어요. 그만두고 싶어도 그럴 수가 없더라고요."

알코올 중독의 수치심이 또다시 추악한 고개를 쳐들면서 레이드의 얼굴에는 눈물이 흘러내렸다. 그는 6개월 전 그룹에 합류한 뒤로 술을 끊고 지내왔었다. 알코올 중독자 치료 단체인 AA(Alcoholics Anonymous)의 활동에도 활발하게 참여했지만 12년이라는 치료 기간에 옆길로 새서 다시 술을 마시는 일이 여러 차례 되풀이됐다.

한 회원이 그에게 티슈를 건넸고 그는 그것으로 눈물을 훔쳤다. 그런 다음 이야기를 계속하면서 울먹이는 소리로 수치심을 털어놓았다.

"거짓말을 하고 잔꾀나 부리던 옛날로 돌아간 거예요. 전 도저히 구제 불능이랍니다."

나는 그런 일이 시작된 뒤로 혹시 후원자를 만나보거나 모임에 나가 본 적이 있느냐고 물었다. 그는 고개를 젓고는 그동안 옆길로 샌 적이 한두 번이 아니어서 이제는 자신에게 신경 써주는 사람도 없고 돌아오기를 바라는 사람도 없을 거라고 말했다.

많은 회원들이 레이드가 그렇게 나쁜 사람이라고 생각되지 않으며 그에 대해 이러쿵저러쿵 평가하지도 않는다는 이야기들을 했다. 그들은 레이드가 고통받고 있다는 것을 알 수 있었다. 그들은 그가 이 그룹에 들어와 자신에 관한 이야기를 털어놓은 것, 특히 심한 수치심을 느끼면서도 그렇게 했다는 점을 존경한다고 말했다.

잠시 뒤 레이드가 다시 입을 열었다.

"그게 다가 아니에요. 또 있어요."

그는 다시 흐느끼기 시작했다. 한 손을 이마에 댄 뒤 마치 자신이 혐오스럽다는 듯 고개를 흔들었다.

"갈수록 더욱 엉망이랍니다. 이번 주에만도 두 번이나 스트립 쇼를 보러 갔어요."

그는 고개를 떨구고는 엉엉 울기 시작했다.

"그동안 잘해 왔었는데, 이젠 다 망쳐 버렸어요. 난 워낙 쓸모없는 인간이라 더 이상 살고 싶은 생각도 없어요. 모든 걸 다 망쳐 버렸어요."

나머지 시간 내내 회원들은 레이드를 편들어 주면서 수치심을 끝까지 잘 참아내라고 격려했다. 그가 그렇게 형편없는 사람은 아니며 아무도 그를 판단하지 않는다고 안심시켰다. 오히려 반대로 그가 수치심과 고통을 털어놓은 점을 모두들 높이 샀다. 그들은 그에게 아내와 대화를 해보고 후원자를 만나보고 모임에 나가라고 권유했다. 그리고 다음 주에 그룹 회원들에게 일일이 전화를 걸어 어떻게 돼 가는지 알려줘야 한다고 신신당부했다.

그날 밤 모임을 마치고 떠나는 레이드는 분명 동요하고 겁에 질린 표정이었다. 그러나 동시에 무거운 짐을 벗어 던지고 진심으로 자신에게 관심을 기울여 주고 잘되기를 바라는 사람들로부터 응원을 받았다. 레이드는 형편없는 인간성 때문에 사람들이 자신을 심판하고 버릴 것이라고 걱정했지만 그런 일은 일어나지 않았다. 오히려 그가 무슨 짓을 저질러도 그룹 회원들은 그를 여전히 좋아하고 관심을 기울일 것이라는 메시지를 전달받았다.

낡은 껍질 벗기

치료 중인 선남은 병적 수치심을 드러내고 친구들의 지원을 구하는 과정에서 다음과 같은 중요한 사실들을 깨닫게 된다.

- 자신은 나쁜 인간이 아니다.
- 다른 사람으로부터 인정받기 위해 무슨 일을 따로 할 필요는 없다.
- 결점이나 실수를 감출 필요는 없다.
- 사람들이 자신의 있는 모습 그대로를 사랑해 줄 수 있다.

치료 중인 선남은 이 장에 기술된 원칙들을 따르기 시작하면서 자신이 하나의 인간이라는 현실을 받아들이게 된다. 다른 모든 인간과 마찬가지로 선남은 실수를 저지르고, 판단을 잘못 내리고, 부적절하게 행동한다. 그럼에도 불구하고 그런 인간성 때문에 형편없는 인간이 되거나 사랑받지 못할 사람이 되는 것은 아니며, 또 그 때문에 다른 사람들의 애정이 식게 되는 것은 아니다.

불완전한 인간은 오직 불완전한 인간하고만 관계를 맺을 수 있다. 대부분의 사람은 머릿속에 생각이 들어 있고 자신이 어떤 사람인지 확실히 아는 사람에게 매력을 느낀다. 카멜레온 같은 사람에게는 친구가 꼬이지 않고 칭찬도 따르지 않는 법이다.

치료 중인 선남은 카멜레온의 껍질을 벗어 던지고 만족하는 법을 배움으로써 자신이 그토록 바라 마지않던 친밀한 인간관계가 맺어지는 것을 체험하게 된다. 자신을 승인하는 법을 배우면서 그들은 사람을 가까이 끌어들이는 삶의 에너지와 카리스마를 뿜어내기 시작한다.

선남은 더 이상 남의 인정을 받으려고 애쓰지 않고 결점을 감추려고 애쓰지 않는 순간부터 사랑과 인생에서 진정으로 원하는 것을 얻는 길로 들어서는 것이다.

Chapter

04

자신의 필요를
최우선으로

"우리가 지난주 이야기했던 것이 저는 정말이지 너무 불편했습니다."

회사 간부인 라스는 근심 가득한 얼굴로 이처럼 말하면서 두 번째 상담을 시작했다. 라스는 아내의 권유로 나를 찾아왔다. 언제였는지 기억이 나지 않을 정도로 오래 전부터 늘 우울하고 기분이 좋지 않다는 것이다. 최근 들어서는 밤잠을 설치고 툭하면 편두통까지 찾아왔다. 좋은 직장에 좋은 집과 가족 등 모든 것이 다 '괜찮은' 것 같은데도 불구하고 그는 행복과는 거리가 멀어 보였다.

첫 상담에서 라스는 항상 '다 때려치우고' 어디론가 사라져버리는 환상을 품는다고 털어놓았다. 그런 생각 때문에 죄의식을 느껴 아무에게도 말을 못하고 있었다.

그날 나는 라스에게 자기 자신을 위해서는 무엇을 하느냐고 물었다. 그러나 그는 어리둥절한 표정으로 나를 바라보며 물었다.

"무슨 말씀이십니까?"

나는 질문을 되풀이했다. 잠시 뒤 그가 입을 열었다.

"별로 없는 것 같군요."

나머지 상담 시간 내내 나는 그를 붙들고 자신의 필요를 최우선으로 삼고 그것을 자기 책임 아래 충족하는 방안을 찾는 것이 중요하다는 점을 납득시켰다. 그는 나의 이야기에 두려움을 느끼면서 저항했다. 두 번째 상담을 시작하면서도 그런 망설임은 여전했다.

"지난주 대화 내용 중 어떤 부분이 그렇게 불편하던가요?"

"전부요. 저의 필요를 최우선으로 삼으라는 말씀은 생각만 해도 걱정스럽더라고요."

나는 그에게 자신의 필요를 자기 책임 아래 충족하라는 말에서 어떤 점이 그렇게 걱정스럽더냐고 물었다.

"전부요. 그렇게 되면 저는 이기적이고 자기중심적인 사람이 될 것 같아요."

"그게 뭐가 어때서요?"

라스는 놀란 표정으로 나를 쳐다봤다.

"뭐가 어떻고 하니, 제가 이기적인 행동을 하게 되면 우리 아버지와 다를 게 하나도 없는 거잖아요. 아버지가 생각하는 것은 늘 당신뿐이었고 그 때문에 우리 식구는 고통을 겪었거든요. 그렇게 살 수는 없습니다. 아버지처럼 자기 생각만 하는 인간 말종이 될 수는 없다고요. 전 마누라와 자식이 있고 일자리와 은행 융자에 낼 돈도 많아요. 우리 아버지처럼 살 수는 없습니다."

유지비가 안 드는 선남

라스는 자신의 '필요'에 관한 한 전형적인 선남이라고 할 수 있다. 선남은 막상 자신에 대한 유지 보수비는 아끼면서 다른 사람의 필요에 대해서는 온 신경을 쓰는 경향이 있다. 그들에게 자신의 필요를 최우선으로 삼으라는 이야기를 하면 라스와 비슷한 반응들을 보인다.

그 같은 선남의 독특한 패턴은 어린 시절의 환경에서 기인한다. 어린이가 필요한 것이 있을 때 제때 제대로 충족해 주지 않으면 자기가 '나쁜' 아이라서 그런다는 생각을 품을 수 있다. 또 사람들이 자기에게 상처를 입히거나 자기를 버리는 것은 그 같은 필요 때문이라는 생각을 품을 수도 있다. 전형적으로 선남은 각종 생존 메커니즘을 개발하는 방법을 대응한다.

- 아무것도 필요 없고 원하는 것도 없는 체하기
- 다른 사람들이 뭘 주고 싶어도 그렇게 하기가 어렵게 만들기
- '비밀 계약' 이용
- 다른 사람의 필요에 신경 쓰기

이 같은 생존 메커니즘은 어린 시절에는 안전이라는 망상을 제공했을지 몰라도 나중에는 필요가 충족되지 않을 가능성만 높였을 뿐이다.

아무것도 필요 없는 체하면 자기만 손해 본다

선남들로서는 필요한 것도 없고 원하는 것도 없는 체하는 것이 유년기의 유기 체험을 극복하는 유일한 방안이었다. 버림받았다는 느낌을 가장 진하게 느낀 것이 하필이면 원하는 것이 가장 많았던 시절이기 때문에 그들은 뭔가를 필요로 한다는 사실이 사람들을 쫓아 버리는 요인이라고 생각했다.

무기력한 이 꼬마들은 뭔가를 필요로 한다는 사실을 없애거나 감출 수만 있다면 아무도 자기를 버리지 않으리라는 결론을 내린다. 또 필요로 하는 것이 없으면 필요 충족이 되지 않더라도 상처가 크지 않으리라고 생각했다. 그들은 어린 시절부터

필요가 충족되리라는 기대를 품지 않는 법을 배웠을 뿐 아니라 마치 아무것도 필요한 것이 없는 듯 행세해야만 생존할 수 있다는 점도 배웠다.

그 때문에 해답이 없는 문제가 하나 생겼다. 무기력한 이 꼬마들은 필요를 완전히 억누르고 계속 살 수도 없거니와 그 필요를 자기 힘으로 충족하지도 못하게 된 것이다. 유일한 논리적 해결책은 필요를 은밀한 방법으로 간접적으로 충족하면서 겉으로는 필요한 것도 없고 원하는 것도 없는 것처럼 행세하는 것이었다.

유년기의 그런 생존 메커니즘의 결과로 선남은 흔히 바라는 것이 적을수록 훌륭한 사람이라고 생각한다. 아무것도 필요 없는 체하는 그 같은 가식의 표면 밑에서 모든 선남은 실은 극심한 욕구불만에 시달린다. 결과적으로 선남은 필요 충족을 추구할 때 종종 간접적으로 불분명한 방법을 쓰고 잔꾀에 의존하며 장악하려 든다.

다른 사람들이 베푸는 것을 어렵게 만들면 자신의 필요를 충족할 수 없다

선남은 필요 충족을 위해 비효율적 전략을 구사할 뿐 아니라

남이 주는 것을 받는 데도 서툴다. 필요를 충족한다는 개념은 기본적으로 유년기의 패러다임에 맞지 않기 때문에 원하는 것을 실제로 얻게 될 경우 몹시 불편해진다. 이렇게 말하면 대다수 선남은 말뜻을 제대로 알아듣지 못하지만, 그들은 원하는 것을 실제로 얻게 되는 것을 두려워하며 그런 사태를 피하기 위해 극단의 조치도 서슴지 않는다. 선남은 부족한 것이 많은 사람이나 가까이 하기 어려운 사람들과 사귀면서 불분명하고 간접적인 행동과 밀어붙이기, 사보타주 등의 방법으로 그 무의식의 목표를 추진한다.

선남이 성욕 해결을 위해 보편적으로 써먹는 방식을 보면 그런 측면을 잘 이해할 수 있다. 내가 연구해 본 많은 선남들이 섹스에 큰 관심을 표명하면서도 막상 그 필요를 충족하려는 노력은 잘 안 된다고 좌절감을 피력했다. 일이 그렇게 되는 이유는 실제로는 원하는 것을 얻지 못하도록 방해하는 행동만 골라서 하기 때문이다.

선남은 어린 시절의 성 학대나 혹은 기타 섹스와 관련된 부정적 체험을 했기 때문에 성욕을 제대로 표출하지 않는 파트너만 골라내는 신기한 재주를 갖고 있다. 이런 파트너들이 마침내 육체의 문을 열 경우 선남은 오히려 욕구 해결에 방해가 되는 다른 행동을 취한다. 선남은 성관계가 전개되도록 내버려두기보다는 통제하는 쪽으로 반응할 수 있다. 파트너가 자신에게 미처 신경을 쓰기도 전에 먼저 그녀의 성적 요구에 초점을 맞출지도 모른다. 그녀에게 살이 쪘다고 말하거나 전에는 안 그러더니 갑자기 왜 그러느냐는 식으로 말하면서 싸움을 걸지도 모른다. 이런 전략들을 쓰면 선남은 다른 사람이 자신의 필요에 초점을 맞추도록 내버려둘 경우 촉발될지도 모르는 두려움, 수치심, 근심의 체험으로부터 확실히 해방된다.

> **행동요령 12**
> 자신이 뭔가를 필요로 해도 괜찮은 것인지 자문한다. 사람들이 당신의 필요 충족을 도와줄 것 같은가? 이 세상은 풍요로운가?

비밀 계약을 사용하면
자신의 필요를 충족할 수 없다

모든 선남은 이런 딜레마에 봉착한다. 무슨 수로 뭔가를 필요로 한다는 사실은 감추면서 동시에 그 필요를 충족할 수 있다는 희망도 갖는 상황을 만들 것인가?

불가능해 보이는 그 목표를 달성하기 위해 선남은 흔히 '비밀 계약'을 활용한다. 말로 하지 않는 이 무의식의 계약은 선남이 주위 세계와 교류하기 위해 주로 사용하는 방법이다. 선남이 하는 거의 모든 일은 어떤 비밀 계약의 표현이다.

선남의 비밀 계약이란 간단히 말해 다음과 같다.

나는 당신을 위해 이렇게 _____ 할 테니(빈 칸을 채우시오) 당신은 나를 위해 이렇게 _____ 하시오(빈 칸을 채우시오). 우리는 마치 이 계약에 대해 아는 바 없는 것처럼 행동합시다.

보통 사람들은 애인에게 몸을 기울이고 "사랑해"라고 귓속말을 속삭여 본 경험이 있을 것이다. 그때 우리는 사랑하는 사람이 "나도 사랑해"라고 반응해 주기를 기대한다. 이것은 얻기 위해 주는 비밀 계약의 일례다. "나도 사랑해"라는 말을 듣기 위해 "사랑해"라고 말하는 것은 선남이 모든 필요 충족을 위해 사용하는 기본 방식이다. 파트너에게 사랑한다는 말을 해달라고 주문하는 것이 잘못됐다는 것은 아니다. 그러나 "나도 사랑해"라는 말을 듣기 위해 먼저 "사랑해"라고 말하는 것은 간접적이고 불분명하며 꼼수의 성격이 짙다.

선남은 가족과 사회를 통해 겪은 경험을 토대로 '착하기만 하면' 사랑받고 필요 충족되고 순탄한 삶을 살 수 있어야 한다고 생각한다.

현실적으로 선남 신드롬의 가장 중요한 패러다임은 인생과의 대형 비밀 계약에 다름 아니다.

다른 사람의 뒷바라지만하다 보면
자신의 필요를 충족할 수 없다

선남이 필요 충족을 위한 비밀 계약을 이용하기 위해 동원하는 가장 보편적인 방법은 타인을 뒷바라지하는 것이다. 선남은 남을 뒷바라지하는 것이 기본적으로 사랑이며 자신을 선량한 사람으로 만들어 주는 여러 요인 가운데 하나라고 생각한다. 남을 뒷바라지하는 것은 사실 사랑이나 선행과는 아무런 관계가 없다. 남을 뒷바라지하는 것은 자신의 필요 충족을 위한 미숙하고 간접적인 시도에 불과하다.

남을 뒷바라지하는 행위는 항상 두 가지로 구성된다.

자신의 가치를 느끼고 필요를 충족하기 위해, 또는 자신의 문제나 감정을 처리해야 하는 문제를 회피하기 위해 다른 사람의 문제, 필요, 감정에 초점 맞추기.

20대 후반의 그래픽 디자이너 리스는 선남들이 연애 관계에서 상대방에게 신경 쓰느라 어디까지 갈 수 있는지를 보여 주는 전형적인 케이스다. 동성연애자인 리스는 상담 시간에 이렇게 신세를 한탄했다. "왜 내가 해주는 것만큼 내게 잘해주는 파트너를 만나지 못하는 거죠?" 그는 이어 자신의 동성 애인들은 모두 받기만 할 뿐이며 주는 쪽은 항상 자기라고 말했다.

리스는 1년 동안 세 남자와 깊은 관계를 맺었다. 모두 시작이 좋았으며 그가 찾던 바로 그 관계인 것 같았다. 그러나 모두 똑같은 시나리오 때문에 실패했다. 리스는 보살핌을 필요로 하는 사람을 만났던 것이다.

첫 번째 남자 애인은 캐나다에서 살고 있었으며 마약을 끊은 지 얼마 되지 않은 사람이었다. 그는 리스와 동거하러 미국에 왔지만 취업비자 신청을 하지 않았고 몸을 잘 씻지 않았다. 리스는 신경을 써주면 그가 일자리를 찾고 다시는 마약에도 손을 대지 않을 것이라는 희망을 품고 특별히 더 열심히 챙겨줬다. 그러다가 마침내 그를 캐나다로 보내 버렸다. 나중에 서로 알고 지내던 한 친구로부터 그가 취업비자를 신청하지 않은 것은 에이즈 바이러스 감염자였기 때문이라는 사실을 전해 들었다. 그는 몰랐던 것이다.

두 번째 남자 애인은 리스와는 다른 부류로서 자신이 동성애자라는 사실에 괴로워하는 사람이었다. 부모와 종교 문제로 늘 갈등을 겪고 있었다. 그래서 두 사람의 관계에 최선을 다하지 못했다. 그럼에도 불구하고 리스는 언젠가는 그가 갈등을 이기고 마음을 열 것이라는 희망에서 유별나게 성의를 베풀었다.

세 번째 남자 애인은 군인이었다. 리스의 아파트에서 60여 킬로미터 떨어진 기지 내에서 체류하고 있었으며 차가 없었다.

그를 만나려면 항상 리스가 먼저 연락을 취해야 했고 종종 그를 기지까지 태워줘야 했다. 외출했을 때도 돈을 좀 더 많이 버는 리스가 늘 비용을 부담했다. 리스는 애인에게 자주 선물을 사주고 돈도 빌려줬다. 그런데 이 애인이 다른 지방으로 전출을 가자 리스는 회사를 그만두고 자동차를 판 뒤 그를 따라갔다가 석 달 뒤 돌아오고 말았다. 애인이 다른 사람과 바람을 피우기 시작했던 것이다.

애인들의 뒷바라지를 하느라 바빴던 그 12개월 동안 리스는 직장을 그만두고 친구와 가족도 대부분 잃어버렸다. 리스는 남의 뒷바라지에 엄청난 에너지를 쏟아 붓는 바람에 막상 자신의 자기 파괴적 행동은 잊고 지냈다. 대다수 선남의 경우와 마찬가지로 리스는 남들에게 주기만 할 뿐 그만큼 돌려받지는 못한다는 느낌 속에서 살았다.

행동요령 13
파트너를 상대로 마음속으로 정해 놓은 비밀 계약을 한 가지 이상 떠올린다. 당신은 무엇을 주는가? 그 대가로 무엇을 원하는가? 이 정보를 다른 사람과 공유한다.

배려와 뒷바라지

선남은 남을 위해 하는 일은 모두 사랑이라고 생각하지만 뒷바라지는 배려와 별 관계가 없다. 그 차이점은 다음과 같다.

배려

1) 받는 사람이 필요한 것을 준다.

2) 주는 사람의 풍요한 마음에서 나온다.

3) 조건이 없다.

뒷바라지

1) 주는 사람이 주고 싶은 것을 준다.

2) 주는 사람의 빈 마음에서 나온다.

3) 무의식의 조건들이 달려 있다.

선남이 남을 뒷바라지 하는 데는 여러 이유가 있지만 그 어느 것도 사랑과는 무관하다. 그들이 하는 행동에는, 나쁜 의도는 없더라도, 어떤 조건이 달려 있게 마련이다. 선남이 남에게 무엇을 주는 것은 자기도 그런 식으로 받고 싶다는 마음의 표시이다. 그들은 선물을 주고, 애정을 베풀고, 등을 마사지해 주고, 섹스를 선물하고, 때로는 뜻밖의 놀라움을 선사하기도 한다. 자기 파트너에게 하루 휴가를 신청해라, 새 옷을 사 입어라, 병원에 가보라, 여행을 해라, 직장을 그만둬라, 다시 공부를 해라 등등 별소리 다하지만 막상 자신을 그렇게 하는 법이 없다.

행동요령 14
타인을 뒷바라지하는 행동 두세 가지를 꼽는다. 자신이 어떤 짓을 하는지 확실히 인식할 수 있도록 일주일 동안 다음 두 가지 중에서 하나를 골라 실천한다.

---

1) 뒷바라지를 유예한다. 선남은 보살핌과 뒷바라지를 구별 하지 못하는 경향이 있기 때문에 남에게 주는 행위를 아 예 중지하도록 한다(어린 자식의 경우는 예외로 한다). 사람들 이 혼란을 느끼지 않도록 그런 행동의 취지를 미리 설명 한다. 자신의 느낌과 타인의 반응을 관찰한다.

2) 기왕에 하던 것보다 강도를 높여 뒷바라지를 열심히 한 다. 이 말은 좀 이상하게 들리겠지만 자신의 뒷바라지 행 동에 대한 인식을 제고하는 방법으로는 더없이 좋다. 자 신의 느낌과 타인의 반응에 관심을 기울인다.

희생자 삼각형

비밀 계약이나 뒷바라지는 선남에게 도움이 되기는커녕 오히려 좌절과 적개심만 안겨준다. 이 좌절과 적개심이 오랫동안 쌓이면 꽤나 보기 좋지 않은 방식으로 새나오게 된다. 얻기 위해 주는 행위는 희생자 삼각형이라는 광란의 주기를 형성한다. 희생자 삼각형은 예상할 수 있는 세 가지 결과로 구성돼 있다.

1) 선남은 뭔가 대가가 돌아올 것이라는 희망을 품고 먼저 남에게 준다.
2) 자신이 주는 만큼 돌아오는 것이 없거나 또는 자신이 기대했던 것을 받지 못할 경우 선남은 좌절하고 분개한다. 선남은 하나하나 따지는 사람이며 절대로 객관적이지 않다는 점을 잊지 말 것.
3) 이 좌절과 적개심이 오랫동안 쌓이면 여러 가지 형태로 새어 나온다. 벌컥 화내기, 수동적-공격적 행동 보이기, 입술 삐죽이기, 짜증 부리기, 삐치기, 망신 주기, 트집 잡기, 나무라기, 그리고 심지어 신체적 학대 등. 일단 이 주기를 한 바퀴 돌고 나면 처음부터 다시 시작하는 것이 보통이다.

내 아내는 이런 에피소드를 가리켜 '희생자 구토'라는 표현을 쓴다. 구토 행위는 어떤 때는 어린이가 떼를 쓰는 것과 비슷하다. 이 희생자 구토는 때로는 선남이 바람을 피우거나 어떤 숨겨진 방식으로 행동하는, 좀 더 수동적–공격적 형태를 띤다. 어쨌든 구토를 하는 사람은 자신이 여러 가지로 희생당했기 때문에 구토 정도는 할 자격이 있다고 생각한다. 선남이 늘 좋은 사람이 아닌 중요한 이유 가운데 하나가 바로 이 희생자 구토다.

셰인과 그의 애인 레이컬의 관계는 희생자 삼각형과 감정적 구토의 좋은 본보기다. 셰인은 레이컬을 여왕처럼 떠받들었다. 그러나 마음속 깊은 곳에서는 자신이 '훌륭한' 사람이 되어야만 그녀가 자기를 사랑해 줄 것이라고 믿었다. 그녀의 사랑을 얻기 위해 그는 선물 공세를 퍼붓고 카드를 보내고 전화 메시지를 남기고 옷을 사주고 깜짝 이벤트를 준비하고 그녀의 집과 자식들 일을 거들어 줬다.

그런 정성 때문에 레이컬은 셰인에게 정서적 부채를 지고 있다는 생각을 지울 수 없었다. 그가 자신에게 베풀어 준 은혜는 평생 다 갚지 못할 것 같았다. 실은 그녀는 그러고 싶어도 그렇게 할 수 없었다. 셰인은 그녀의 사랑을 사려고 들었던 것이다. 다만 계약이 불분명했을 뿐이다. 세월이 지나면서 그녀가 그의 봉사와 뒷바라지를 극복할 수 있는 유일한 길은 그를 거부하는 것이었다.

그런 일을 당한 뒤로 셰인의 생활은 엉망이 됐다. 그는 계약서의 자기 몫을 다했는데 레이컬은 왜 그러지 않는지 이해가 안 되었다. 자기가 까다로운 사람이라고 생각되지는 않았다. 레이컬에게 주는 것이 늘어날수록 셰인의 분한 심정도 함께 늘어났다. 그녀에게 자신을 사랑하지 않는다고 나무란 적도 있었다. 그들은 대판 싸움을 벌였고 서로 입에 담지 못할 욕설을 퍼부은 끝에 결국 갈라서기로 했다. 그 뒤로 셰인은 겁도 나고 후회도 됐다. 레이컬에게 연락을 취해 화해해 보려고 애썼다(그러는 동안에도 그녀가 자신에게 화해하자고 연락해 오지 않는 것을 괘씸하게 여겼다). 그런 다음 그녀의 사랑을 되찾기 위해 뒷바라지 행위를 다시 시작하고 그녀의 비위를 맞추기 위해 애썼다. 이 주기가 한도 끝도 없이 되풀이됐다.

소중한 사람들에게 당신의 뒷바라지 행동과 희생자 구토에 대해 어떻게 생각하는지 의견을 묻는다. 그런 정보는 가만히 듣고 있기가 쉽지 않을 것이다. 수치심에서 톡 쏴주고 싶을지도 모른다. 그러나 그 정보는 희생자 삼각형을 탈출하는 데 매우 중요하다.

행동요령 15

뒷바라지 행동과 그것의 필연적 귀결인 희생자 구토 간에 무슨 관계가 있는지는 언뜻 이해하기 어려울 것이다. 사랑하는 사람에게 자신이 어떤 식으로 상처를 입히는지 관찰한다.

- 비꼬는 말이나 가시 돋친 '농담'을 하는가?
- 공개 장소에서 망신을 주는가?
- 지각을 자주 하는가?
- 부탁받은 일을 자주 잊어버리는가?
- 그들을 비난하는가?
- 그들로부터 등을 돌리거나 떠나겠다고 위협하는가?
- 짜증이 쌓이도록 내버려뒀다가 어느 날 갑자기 화를 터뜨리는가?

이기적이라는 것

이 책의 집필을 시작하면서 나는 초벌 원고를 '선남은 이제 그만' 그룹 회원들에게 보여줬다. 한 번은 어느 회원이 이런 말을 했다.

"책에서 내내 강조하는 것은 한 마디로 자기 자신에게 신경 쓰라는 것이더군요. 자기 자신에 대해서만 생각하고 다른 사람에 대해선 걱정하지 말라는 말은 너무 이기적이고 자기중심적인 것 같아요."

내가 그 주제를 염두에 두고 책을 쓰기 시작한 것은 아니었지만 그 회원의 코멘트에는 내가 미처 의식하지 못했던 중요한 사실이 담겨 있었다. 선남은 생존을 위해 자기를 희생하는 법을 배웠기 때문에 그 치료 과정은 자신을 앞세우고 자신의 필요를 최우선으로 삼는 데 중점을 둬야 한다.

사람이 뭔가 필요한 것이 있다는 것은 건강한 것이고 성숙한 사람이 자신의 필요 충족을 최우선으로 삼는 것은 정상이라는 말을 내가 하면 대다수 선남들은 경악하는 눈치다. 가끔 나는 그 점을 머릿속에 각인시키기 위해 이 사실을 누누이 말한다. 선남의 입장에서 뭔가 필요를 느낀다는 것은 '의존'을 뜻하고 의존은 곧 유기로 가는 편도 승차권이기 때문이다.

나는 선남들에게 "당신의 필요를 충족해 주기 위해 이 세상에 태어난 사람은 없다"고 말한다(부모가 예외일 수 있겠지만 그들의 임무는 이미 끝났다). 또 그들 역시 다른 사람의 필요 충족을 위해 이 세상에 태어난 것이 아니라고 말한다(자식들만 빼고).

치료 중인 선남의 입장에서는 이 같은 패러다임의 변화가 항상 두렵다. 자신의 필요를 최우선으로 삼으라니, 이건 마치 미움 받고 외톨이가 되는 가장 빠른 길로 가라는 말로 들린다.

선남들에게 자신의 필요 충족을 최우선으로 삼으라고 하면 뻔한 대답들이 나온다.

- "사람들이 내게 화를 낼 것이다."
- "사람들이 내가 이기적이라고 생각할 것이다."
- "나는 외톨이가 될 것이다."
- "세상 사람이 모두 그런 식으로 살면 어떻게 하나?"

그러면 나는 선남이 자신의 필요 충족을 최우선으로 할 경우 자신은 물론 주변 사람들에게 어떤 이익이 있는지 말해 준다.

- 자신이 필요로 하고 원하는 것을 얻을 가능성이 높아진다.
- 분별력 있게 베풀 수 있다. 다시 말해 다른 사람이 필요로 하는 것을 줄 수 있게 된다.
- 적개심이나 기대감을 품지 않고 베풀 수 있다.
- 타인에게 덜 의존하게 된다.
- 매력적인 사람으로 바뀐다.

대다수 선남은 위에 열거한 사항 중에서 마지막 항목이 가장 마음에 들 것이다. 무기력하고 칭얼대고 비실비실하고 남에게 기대고 사는 남자는 매력이 없다. 자신감과 배짱이 두둑한 남자는 매력적이다. 사람들은 대체로 주관이 뚜렷한 남자에게 매력을 느낀다. 자신을 우선시하는 것은 사람들을 쫓아버리는 것이 아니라 오히려 끌어들인다. 사랑과 인생에서 자신이 원하는 것을 얻으려면 자신을 중시하는 것이 반드시 필요하다.

자신의 필요에 대한 책임을 지면
필요 충족에 도움이 된다

선남이 자신의 필요를 충족하려면 우선 핵심 패러다임부터 바꿔야 한다. 그러려면 다음과 같은 의식의 전환이 필요하다.

- 필요한 것이 있다는 것은 인간으로서는 당연한 것이다.
- 성숙한 사람은 자신의 필요 충족을 최우선으로 삼는다.
- 성숙한 사람은 필요 충족을 위해 분명한 방법으로 도움을 청한다.
- 선남의 필요 충족을 돕고 싶어 하는 사람은 분명히 있다.
- 이 세상은 풍요롭다.

치료 중인 선남은 필요 충족을 위해 기존에 해오던 것과는 전혀 다른 일을 해야 한다. 선남에게 자신을 최우선시 하라는 말은 시험 삼아 한번 해보라는 뜻으로 하는 말이 아니다. 필요 충족을 위해 반드시 필요할 뿐만 아니라 개인적인 힘을 되찾고 살아있다는 사실을 실감하며 사랑과 친밀감을 체험하는 데도 반드시 필요하다.

흥미로운 점은 선남이 자신의 필요 충족에 대한 책임을 스스로 지고 그것을 최우선시할 때 주변 사람들도 덕을 보게 된다는 것이다. 비밀 계약, 추측 게임, 분노의 폭발, 수동적-적극적 행동 등은 사라지게 된다. 잔꾀를 부리거나 지배하려 드는 행동도 사라지고 적개심도 사라진다. 나는 이 교훈을 몇 해 전 직접 체득했다.

주말 연휴를 앞두고 우리 아이들은 여행 준비를 하고 있었다. 나는 아내 엘리자베스와 시간을 함께 보낼 생각이었지만 그녀는 대답이 모호했고 어떻게 할 생각인지 확실한 언질을 주지 않았다. 나는 짜증이 나서 계획을 보류했다. 그러다가 마침내 친구의 채근에 못 이겨 주말을 나를 위해 보내기로 결정했다. 계획을 짠 뒤 아내에게는 생각이 있으면 따라와도 좋다고 말했다. 나는 친구들과 노는 것을 비롯해 그동안 하고 싶었던 몇 가지 일을 했다. 결과적으로 하는 이야기지만, 아내는 여러 차례 내가 하는 일에 동참했다. 월요일이 되자 그녀는 주말을 아주 멋지게 보냈으며 끝난 것이 너무 아쉽다고 말했다.

도전

'선남은 이제 그만' 그룹 모임에서 나는 각 회원들에게 적어도 일주일 동안 자신을 최우선시하는 실험을 해보라고 말했다. 그런 만만찮은 과제를 앞두고 사람들은 모두 근심이 가득한 표정이었지만 다들 해보겠다고 했다. 라스와 리스, 셰인 세 사람의 경험담을 여기 소개한다.

라스

이 장의 앞부분에 소개된 라스는 모임이 끝난 뒤 집에 가서 아내에게 앞으로 일주일 동안은 자신의 필요를 최우선으로 삼겠다고 말했다. 그러자 그의 아내는 당장 반발했고 그 때문에 그는 마음이 더욱 편치 않았다. 라스는 용기를 얻기 위해 그룹 회원 두어 명에게 전화를 했다. 그들의 격려를 얻고 나니 결심을 밀어붙일 용기가 생겼다.

라스는 간단하게 하기로 마음을 먹었다. 첫째 주 계획은 매일 시간을 내서 헬스클럽에 가 운동을 하는 것이었다. 아기가 태어나기 전만 해도 라스의 몸 상태는 꽤 좋았다. 직장과 집안일 및 육아 부담 때문에 그런 시절은 막을 내렸다. 라스는 출퇴근 전후 두 차례 운동을 하기로 했다. 그 계획을 아내에게 말하자 그녀가 한마디 했는데 그 때문에 또 미안한 생각이 들었다.

아내는 "당신은 운동하러 가고 나는 못 가는 건 불공평해요"라고 바가지를 긁었던 것이다. 라스는 그만두고 싶은 생각이 들었다. 아내도 함께 운동할 수 있는 해결책을 강구해야 하는 것이 아닐까 하는 충동을 받았다. 그러나 꾹 참고 아내에게 그녀의 말도 일리는 있지만 어쨌든 운동은 해야겠다고 말했다.

처음 두세 번 헬스클럽에 나가면서 라스는 밀려오는 죄책감과 근심을 견디기 어려웠지만 그래도 꿋꿋이 버텼다. 그렇게 3일이 지나자 아내는 운동은 잘 되어 가느냐고 물어왔다. 운동을 계속하면서 라스는 점점 힘이 샘솟고 삶의 의욕이 생기는 것을 느꼈다. 잠도 잘 왔다. 헬스클럽에 가서는 역시 자신을 돌보기에 여념이 없는 다른 사람들과 함께 어울리는 것이 즐거웠다. 놀랍게도 첫 주가 지나자 아내는 그가 하는 것을 보니 자기도 자신에게 좀 더 신경을 써야겠다는 생각이 든다고 말했다. 헬스클럽에 있는 탁아소에 아이를 맡기고 에어로빅을 시작해야겠다고 말한 것이다.

리스

리스는 사귀던 동성 애인과 헤어진 직후 '선남은 이제 그만' 그룹에 합류했다. 처음에는 자기가 그룹에서 유일한 게이라는 사실에 몹시 거북해했지만 다른 사람들이 잘 받아주자 그들과 성적 관계를 떠나 친하게 지내기 시작했다.

리스는 금, 토, 일요일 저녁에 동성 애인과 함께 게이바에 가서 시간을 때우는 것이 취미였다. 월요일 아침에는 파김치가 되게 마련이었다. 그래서 일주일 내내 체력을 회복하는 것이 일과였다. 리스는 애인이 외출하자고 할 때 응하지 않으면 자기를 버리고 떠날까 두려웠다.

리스는 한 주를 정해 자신을 위해 시간을 보내고 한번 하고 싶은 대로 해보기로 마음을 먹었다. 동성 애인에게는 미리 말해 두었다. 리스는 딱 하룻밤만 외출하되 술은 마시지 않고 자정 전까지 귀가하기로 결심했다. 토요일에는 그룹 회원 두세 명과 함께 영화를 보러 가기로 했다. 일요일에는 집에서 쉬면서 밀린 집안 청소와 빨래를 했다. 그의 목표는 일요일 밤 10시에는 잠자리에 드는 것이었다.

월요일 아침에 일어난 리스는 몸이 개운했고 직장에서도 맑은 정신으로 일할 수 있었다. 애인은 그를 버리고 떠나지 않았고, 그는 그 주 내내 나머지 시간을 건설적으로 보낼 수 있었다.

셰인

역시 이 장 앞부분에서 소개했던 셰인은 애인을 위해 뭔가 하는 것이 즐거웠다. 선물을 자주 주었고 깜짝 이벤트도 수시로 계획했으며 그녀를 돕기 위해 할 수 있는 것은 뭐든 했다.

셰인은 자신을 먼저 배려하려고 할 때마다 항상 애인을 위해 뭔가 해야 되는 것이 아닐까 하는 충동이 일 때마다 대신 자신을 위한 일을 했다. 그녀의 차를 세차해 주고 싶은 생각이 들 때 자기 차를 닦았다. 그녀에게 선물을 사주고 싶은 충동을 느꼈을 때 대신 자기 선물을 샀다. 그냥 안부 전화를 하고 싶은 생각이 들 때는 대신 그룹 회원들에게 전화를 했다. 그러면서 속으로는 무지 걱정이 됐다.

놀랍게도 그 주가 끝나 갈 무렵 레이컬은 셰인 때문에 느끼던 부담감이 덜해졌다면서 데이트를 고대하고 있다는 말을 했다. 심지어는 어느 날 밤 아이들이 잠든 뒤 그에게 전화를 해서 자기 집으로 와 잠자리를 같이 하자는 제의를 했다.

2주쯤 지난 뒤 셰인과 레이컬은 커플 카운슬링 상담에 나와 그동안의 변화에 대해 이야기했다. 그들은 계속 그렇게 하기로 결정했다. 앞으로 6개월 동안 셰인은 레이컬에게 어떤 선물도 주지 않고 깜짝 이벤트도 준비하지 않기로 합의했다. 그 6개월 안에 그녀의 생일과 크리스마스, 발렌타인데이가 들어 있었지만 그는 카드도 선물도 주지 않았다. 그동안 자신을 돌보고 자신의 필요를 충족하는 데만 신경을 썼다.

셰인은 레이컬의 사랑이 식은 것도 아니고 오히려 자신에 대한 배려가 늘고 있다는 것을 점점 깨달았다. 1년 뒤 두 사람은 이제는 셰인이 점수를 따려는 의도를 품지 않고 순수한 마음으로 선물을 줄 수 있게 됐다고 보고했다. 셰인은 또 그 기간에 자신의 필요 충족을 최우선으로 삼음으로써 남에게 덜 의존하게 되고 아쉬운 소리를 할 필요도 없어졌으며 겁을 먹지도 않게 되었다. 두 사람은 셰인이 자신을 우선시하기로 결심한 뒤로 체험한 모든 변화가 마음에 든다고 보고했다.

결단 내리기

선남은 타인을 위해 희생하면 사랑받고 필요를 충족할 수 있을 것이라는 잘못된 통념을 믿어 왔다. 그 같은 비논리적이고 비생산적인 선남 패러다임을 바꾸는 방법은 단 한 가지, 자신에게 우선권을 부여하는 것이다.

자신의 이익을 앞세우기로 결정하는 것이 제일 어려운 부분이다. 실제로는 그렇게 하기가 그리 어렵지 않다. 선남이 자신의 이익을 먼저 챙기기로 결심할 경우 고려해야 할 목소리는 단 하나, 바로 자신의 목소리다. 이제 결단은 어떤 위원회에서 내리는 것이 아니라 한 개인이 내린다. 그는 서로 뜻하는 바가 다른 여러 사람의 목소리에 귀 기울이고 그들이 무엇을 원하는지 알아내기 위해 고심할 필요가 없다. 자신을 제일 앞에 내세우기로 결심할 경우 그가 결단을 내리는 데 필요한 모든 정보는 그의 머릿속에 있다.

'이것은 내가 원하는 것인가? 그렇다. 그렇다면 그렇게 하자.'

선남 신드롬에서 탈출하려면 자신의 필요를 자기 책임 아래 충족해야 한다. 다른 사람과 협력할 수는 있겠지만 그들이 그의 필요 충족의 책임을 지는 것은 아니다. 치료 중인 선남은 자신의 필요 충족을 최우선으로 삼음으로써 이 세상이 풍요로운 세상임을 알게 된다. 자신의 필요가 중요하다는 것을 믿고 그것을 기꺼이 도와줄 사람이 있다는 것을 깨달을 수 있다.

행동요령 16

주말에, 혹은 일주일 내내라도 무방하다. 자신을 위한 시간을 갖도록 한다. 주변 사람들에게 그 사실을 알린다. 한 친구에게 도움을 청한다. 처음에 느끼는 불안감에 유의한다. 옛 패턴으로 돌아가고 싶은 충동이 일어나는 것에 유의한다. 정해진 시간이 끝날 무렵 주위 사람들에게 당신이 자신만을 위한 시간을 가진 데 대해 어떻게 생각하는지 묻는다.

이것을 완벽하게 할 필요는 없다는 사실을 명심한다. 그냥 하도록.

개인적 힘을
되찾자

개인적 힘을 되찾자

몇 해 전 어느 토요일 아침, 우리 부부는 내가 저지른 어떤 일을 놓고 열띤 언쟁을 벌였다. 우리가 입씨름을 벌일 때 흔히 그렇듯이 나의 아내 엘리자베스는 내가 잘못을 인정하지 않자 한없이 답답해했다. 나는 또 나대로 부당하게 괴롭힘을 당한다는 억울한 생각을 하고 있었다. 그러다가 마침내 언쟁이 극에 이르러 엘리자베스의 짜증이 폭발했다.

"당신은 정말 얼간이로군요!"

엘리자베스는 방을 나가 버리고 나는 욕실로 들어가 눈물을 닦았다.

엘리자베스는 몇 분 동안 반성한 뒤 욕실 문을 노크했다. 나는 그녀가 상처받은 먹잇감에 또 한 차례 타격을 가하려고 온 줄 알았다. 그러나 아내는 오히려 나에게 사과를 했다.

"당신을 얼간이라고 불러서 미안해요. 내가 잘못했어요."

"사실." 나는 눈물을 훔치면서 대답했다. "당신이 아침에 한 말 중에서 가장 정확한 표현이었소."

선남은 얼간이다. 듣기는 좋지 않지만 사실이 그렇다. 인생 패러다임과 유년기의 생존 매커니즘이 선남이 개인적으로 갖고 있는 힘을 희생하도록 요구하기 때문에 선남은 얼간이 같은 희생자가 되기 쉽다.

앞에서도 말했듯이 선남들의 공통분모는 어린 시절 필요한 것을 제때 제대로 충족받지 못했다는 점이다. 그 꼬마들에게는 사람들이 자기를 버리고 홀대하고 학대하고 이용하는 것을 막을 능력이 없었다. 자기를 사랑해 주지 않는 사람, 자기에게 신경을 쓰지 않는 사람, 자기가 필요한 것을 충족해 주지 않는 사람, 자신을 지켜주지 않는 사람들에 의해 피해를 본 것이다.

그런 어린 시절의 체험 때문에 선남은 타인에게 희생당할 때 낯설다는 느낌을 갖지 않는다. 이들은 살아가면서 겪는 온갖 문제의 원인이 다른 사람에게 있다고 생각하는 경향이 있다. 그래서 수시로 좌절하고 무력감을 느끼고 적개심을 품고 분노한다. 그것이 그들의 몸짓에서 보이고, 음성에서 들린다.

"이건 공평하지 않아."

"왜 그녀가 정하는 대로 따라야 하지?"

"나는 늘 주기만 하고 받는 건 없어."

"그녀가 그저 ……라면."

무력감의 패러다임

선남은 어린 시절의 유기 체험을 극복하기 위한 시도도 똑같은 패러다임을 개발한다. "착하게만 살면 사랑받고 필요한 것을 얻고 순탄한 인생을 살 수 있을 것"이라고 생각하는 것이다. 그러나 이 패러다임은 오히려 그런 소망과는 정반대의 결과만 낳는 데서 그치는 것이 아니라 평생 무력감을 느끼게 만든다.

선남은 아무 문제없는 순탄한 인생을 살아야겠다는 강박관념에 사로잡혀 있지만 두 가지 중대한 장해요인이 그 길을 가로막는다.

첫째는 그들의 목표가 실현 불가능이라는 점이다. 인생이란 순탄치 않게 마련이다. 인간의 삶이란 원래 혼돈의 연속이다. 인생을 살다 보면 예측도 할 수 없고 통제도 할 수 없는 경험을 수없이 하게 된다. 따라서 만사가 계획대로 순조롭게 굴러가는 예측 가능한 인생을 설계한다는 것 자체가 쓸데없는 것이다.

인간은 혼란스럽고 예측을 불허하는 세상에서 살고 있지만 그럼에도 불구하고 선남은 인생이 순탄할 수 있다고 생각할 뿐 아니라 그래야 마땅하다고 확신한다. 그 같은 믿음은 어린 시절 겪은 유기 체험의 직접적 산물이다. 자신이 필요한 것을 제때 제대로 얻을 수 없다는 예측 불가성은 무섭기만 한 것이 아니라 목숨을 위협할 소지도 있는 것으로 느껴졌다.

선남은 혼란스런 유년기의 불확실성을 극복하기 위해 매사에 올바르게 행동하면 모든 것이 제대로 될 것이라는 신념 체제를 개발하게 되었다. 때로 이들은 유기 체험을 극복하기 위해 자신의 유년기가 이상적이었고 (실제와는 반대로) 아무 문제 없던 시절이었다는 신념 체제도 아울러 개발했다. 모두 왜곡된 신념이지만 무력한 그 소년들은 그런 착각을 통해 통제하지 못하는 혼란을 상대할 수 있었다.

선남이 순탄하게 살겠다는 목표를 달성하지 못하는 둘째 이유는 하지 말아야 할 일만 한다는 데 있다. 순진하고 무기력한 어린 시절에 형성된 생존 메커니즘을 갖고 성인 상황에 접근하다 보니 생활의 안정 비슷한 것과는 턱없이 거리가 멀어진다.

그 같은 비효율적 생존 메커니즘에 의존하다 보면 선남은 어린 시절의 무서운 경험의 기억이라는 함정에 갇혀 악순환을 거듭하게 된다. 비효율적인 메커니즘의 사용 빈도에 반비례해 인생의 복잡성과 도전, 불확실성 등에 대처해 성공할 가능성은 낮아진다. 또 성공을 못하면 못할수록 겁을 먹게 되고…… 내가 지금 무슨 말을 하려는지 이해했을 것이라고 믿는다.

얼간이 요인을 극복하면
개인적 힘을 되찾을 수 있다

나는 개인적 힘의 정의를 '어떤 상황이 닥치든 해결할 수 있다고 자신하는 정신 상태'로 규정한다. 그런 힘을 갖추면 문제와 도전 및 역경에 무난하게 대처할 수 있을 뿐 아니라 그것들을 오히려 반기고 정면으로 승부를 걸며 그것들의 존재에 대해 고마움을 느낀다. 개인적 힘이란 두려움이 없는 상태를 말하는 것이 아니다. 가장 힘센 사람도 두려움이 있다. 개인적 힘이란 두려움을 느끼지만 그 두려움에 굴복하지 않을 때 생긴다.

선남이 느끼는 무력감과 취약성은 해결이 가능하다. 선남 신드롬에서 해방된 선남은 이 세상에 태어날 때 타고난 개인적 힘을 수용할 수 있게 된다. 개인적 힘을 되찾는 방법으로는 다음과 같은 것이 있다.

- 포기하기
- 현실에 머물기
- 감정 표현하기
- 두려움에 맞서기
- 성실성 개발하기
- 한계 설정하기

행동요령 17

순탄하고 아무 문제없는 인생을 살기 위해 선남들이 어떤 식으로 행동하는지 아래 리스트를 보라. 당신은 어린 시절 그 각각의 생존 메커니즘을 어떻게 이용했는지 실례를 적는다. 그런 다음 각 실례의 옆에 자신이 성인이 된 뒤 세상을 통제하기 위해 각각의 전략을 어떻게 이용했는지 적는다. 이런 행동들은 자신이 무기력한 희생자라는 생각이 들도록 만든다는 점에 유의한다. 그 정보를 안전한 사람과 공유한다.

- 일을 올바르게 하기
- 안전 제일주의로 나가기
- 뭔가 바라고 남을 돕기
- 공연한 소란이 일어나지 않도록 조심하기
- 사람들에게 잘하기
- 절대로 문제를 일으키지 않기
- 비밀 계약 이용하기
- 통제하고 잔꾀 부리기
- 뒷바라지하고 비위 맞추기
- 정보 보류하기
- 감정 억누르기
- 다른 사람들이 감정을 갖지 않도록 하기
- 문젯거리나 골치 아픈 상황 피하기

포기하면
개인적 힘을 되찾을 수 있다

아이로니컬하게도 개인적 힘을 되찾고 사람과 인생에서 원하는 것을 얻는 데 가장 중요한 측면은 포기하는 것이다. 여기서 말하는 포기란 그냥 기권하는 것을 뜻하는 것이 아니라 자신의 힘으로 바꿀 수 없는 것은 놓아 주고 바꿀 수 있는 것은 바꾸는 것을 말한다.

놓아 준다고 해서 배려를 하지 않는다는 말은 아니다. 놓아 주는 것은 그저 놓아 준다는 의미일 뿐이다. 꽉 쥔 주먹을 펴서 안에 담겨 있던 긴장을 풀어 주는 것과 마찬가지다. 처음에 손가락들은 원래의 쥔 자세로 돌아가고 싶어 한다. 손가락을 완전히 펴고 힘을 빼려면 쥔 자세로 되돌아가지 않도록 오히려 힘을 줘야 할 정도다. 포기하고 놓아 주는 법을 배우는 것도 마찬가지다.

선남은 포기를 통해 인생의 복잡한 아름다움을 통제하려 들기보다는 내버려둔 채로 반응하는 법을 터득하게 된다. 포기를 통해 인생을 학습과 성장과 창의력의 실험실로 간주할 수 있다. 포기할 줄 아는 선남은 인생의 각 경험을 성장과 치료와 학습을 자극하기 위한 우주의 '선물'로 간주할 수 있다. 치료 중인 선남은 '이런 일이 왜 내게 일어나는 걸까?'라고 묻지 않고

'이 상황에서 내가 배울 것은 무엇인가?'라는 점을 숙고함으로써 인생의 도전들에 대응할 수 있다.

길의 경우를 보자. 그는 놓아줄 줄 아는 사람의 좋은 예다. 길과 애인 바브의 관계는 위험한 고비를 맞고 있었다. 길은 원래 바브의 문제를 해결하기 위해 함께 커플 카운슬링을 시작했다. 그의 말에 따르면 그녀는 늘 우울하고 신경질적이며 섹스에 관심을 보이지 않았다. 길은 혹시라도 그녀의 비위를 건드릴까 봐 늘 조마조마한 심정으로 살아간다고 말했다.

길과 바브는 모두 50대 중반이며 8년째 동거해 오는 사이였다. 결혼을 생각해 보지 않은 것은 아니지만 자신들의 관계가 안정적이지 않기 때문에 불안감을 느끼고 있었다.

커플 카운슬링을 시작한 지 두어 달쯤 지났을 무렵 길은 두 사람 사이의 모든 문제가 바브로부터 기인하는 것은 아닐지도 모른다는 생각을 품기 시작했다. 그래서 그녀의 뒷바라지를 하며 그녀를 지배하려 드는 자신의 행동을 관찰하기 시작했다. 동시에 자신에게는 그 밖에 이렇다 할 취미도 없고 동성 친구도 없다는 점을 깨달았다. 두어 달이 더 지난 뒤 그는 '선남은 이제 그만' 그룹에 가입했다.

길은 자신의 문제점과 비능률적인 인생 패턴을 관찰하는 동안에도 계속 바브의 생활을 개선해 줄 '열쇠'를 찾고 있었다. 그러나 바브를 변화시키기 위해 자신이 할 일은 아무것도 없으며 오로지 자신에게나 신경 쓰는 것이 정답이라는 점을 더디게나마 깨닫기 시작했다. 바브의 문제에서 손을 놓고 거리를 두기 시작하면서 그는 무지 걱정이 됐다. 그러다가 큰일이라도 나지 않을까 몹시 불안했다. 자신이 도와주지 않으면 바브는 문제를 감당하지 못할 것이라는 생각이 들었다.

길은 그룹 회원들의 도움을 얻어 포기하기로 작정했다. 자신과 바브가 부부로서 성공할 수 있을지 여부는 모르지만 설혹 성공하지 못하더라도 자신은 아무 문제없을 것이라는 점을 깨달았다. 그런데 놀랍게도 그들의 관계는 개선되기 시작했다. 그녀의 문제를 해결해 주려던 노력을 놓아 버리고 그녀의 변덕으로부터 거리를 두면서 그는 좌절감이나 적개심도 줄어드는 것을 발견했다.

그로부터 1년 뒤 그는 모임에서 바브와 결혼식을 올릴 날짜를 잡았다고 발표했다. 두 사람의 사이는 자신이 상상도 못할 정도로 좋아졌다고 보고했다. 결혼해서 성공할 수 있을지 여부에 대해 더 이상 신경 쓰지 않기로 결심한 순간이 바로 전환점이 된 것 같다고 그는 말했다.

그 결심은 자신의 통제 범위 안에 들어 있지 않은 그 어떤 것을 통제해 보겠다는 생각을 놓아버린 의식적인 행동이었다. 아이로니컬하게도 그는 놓아버리는 과정을 통해 진정으로 원하는 것을 얻게 됐다고 말했다.

현실에 머물면
개인적 힘을 되찾을 수 있다

선남은 사람과 상황에 대해 현실에 기초하지 않은 엉뚱한 신념
체제를 만들어 냄으로써 세상을 통제하려 한다. 그런 다음 그
런 신념들이 정확한 것인 양 행동한다. 그들의 행동이 외부인
들 눈에 흔히 비논리적으로 비치는 것은 그 때문이다.

30대 후반의 점잖은 남자 레스는 직장 동료와 잠깐 바람을
피웠다. 상담을 받으러 온 그에게 나는 왜 바람을 피웠느냐고
물었다.

"글쎄요. 관심이 필요했나 봅니다." 그의 대답이었다.

나는 이어 아내에게 화를 낼 때는 어떤 식으로 하느냐고 물

었다. 그는 어리둥절한 표정으로 대답했다.

"전 새러에게 화를 낸 적이 없는데요."

"두 분이 10년 동안 결혼생활을 해오셨는데 부인이 한 번도 댁의 신경을 건드린 일이 없다는 말씀인가요?"

나는 짐짓 놀라는 체하며 물었다.

레스가 자신의 아내에 대해 하는 이야기를 들어보니 아내를 상전처럼 모시고 사는 것이 분명했다. 또 현실과 동떨어진 결혼생활을 하는 것도 분명했다. 아내에 관해 구체적인 질문을 던지자 레스는 새러가 결혼 후 몸무게가 30킬로그램 가까이 늘었고, 요리를 해주지 않으며, 늘 울적한 상태이고, 섹스를 하고 싶어하지 않으며, 자신을 무시하고, 공연히 화를 낸다고 털어놓았다. 그럼에도 불구하고 레스는 자기 아내가 꿈속의 이상형이며 그녀를 매우 사랑한다고 주장했다.

치료가 계속된 다음 몇 달 동안 나는 그의 아내에 대한, 그리고 아내와의 관계에 대한 현실의 거울을 그의 눈앞에 끊임없이 들이댔다. 속도도 더디고 쉽지도 않은 과정이었다. 레스는 홀로 된다는 것이 두려웠기 때문에 새러를 어떤 정해진 방식으로 생각해 둘 필요가 있었다. 현실로 돌아온다는 것은 곧 무섭거나 어려운 그 무엇을 해야 한다는 뜻일지도 몰랐다.

레스는 아내로부터 버림받을지 모른다는 두려움에 직면하면서 그녀를 좀 더 정확하게 바라보기 시작했다. 그런 변화 덕분에 원하는 것을 요구하고, 한계를 설정하고, 불쾌감이나 분노를 표출할 수 있게 되었다.

그들 부부의 관계에서 새러는 자신의 역할에 대해 다시 생각해 보거나 어떤 변화를 주고 싶은 마음이 없다는 것이 머지않아 분명해졌다. 비록 고통스럽고 무섭기는 했지만 현실을 직시하는 능력이 생기면서 레스는 이혼소송을 제기하기로 결정했다.

레스는 현실을 직시하기 시작하면서 어쩌다가 새러와 그런 관계에 이르게 됐는지를 성찰할 수 있었다. 그 결과, 어렵기는 하지만 현실적인 결단을 내릴 수 있는 위치에 서게 되었다. 인생에 일대 변화를 일으키는 데 필요한 정신력을 동원할 수도 있게 되었다. 그리고 원하는 인간관계를 형성하도록 도울 수 있는 사람을 찾을 문도 열리기에 이르렀다.

행동요령 19
생활의 어떤 부분에서 수시로 좌절감이 들거나 마음대로 잘 안 된다는 생각이 드는지 생각한다. 그 상황에서 한 발 물러선다. 그 상황에서 어려움을 겪는 것은, 현실이라면 좋겠다고 생각하는 소망이 그 상황에 투명한 결과인가? 그 상황을 받아들일 수밖에 없는 형편이라면 그에 대한 반응을 어떻게 바꾸고 싶은가?

감정을 표현하면
개인적 힘을 되찾을 수 있다

선남은 두 가지 감정을 두려워한다. 자신의 감정과 타인의 감정이다. 감정이 깊어지면 선남은 통제 불능 상황에 빠진다. 어린 시절 그가 어떤 것에 대해 깊은 감정을 느끼면 주변의 시선이 곱지 않거나 혹은 아예 어느 누구도 관심을 두지 않는 결과가 생겼다. 따라서 너무 많은 부정적 관심을 초래하거나 버림받는 느낌을 초래할 가능성이 있는 감정에 대해 뚜껑을 꾹 닫아버리는 것이 안전하다고 생각하게 된다.

신혼 시절 나의 아내 엘리자베스는 내가 속마음을 잘 털어놓지 않아 거리감을 느낀다는 말을 자주 했다. 다른 선남과 마찬가지로 나 역시 감정이란 위험한 것이라는 생각을 갖고 있었다. 그런 식으로 30년을 길들여 살아왔기 때문에 엘리자베스가 내게서 도대체 무엇을 원하는지 감이 잡히지 않았다.

간혹 어떤 감정이 느껴지더라도 흔히 나 혼자만의 생각으로 끝냈다. 선남은 파트너에게 속마음을 털어놓을 생각을 잘 하지 않는다. 언젠가 한번은 전부터 집사람에게 느껴 왔던 감정을 이야기한 적이 있는데 그랬더니 그녀는 정색을 하고 따졌다.

"왜 그런 생각이 처음 들었을 때 이야기하지 않았죠?"

"나 정도면 양호하지 뭐. 2주밖에 되지 않았는데도 당신에게 말했잖소."

선남은 다른 사람의 마음을 아프게 하고 싶지 않다는 식의 핑계를 대면서 감정을 털어놓지 않는 것을 합리화하려 든다. 실은 자신의 켕기는 구석을 감추고 싶은 것이다. 이들은 어린 시절의 체험을 재현할 가능성이 있는 그 어떤 것도 하고 싶지 않다고 말하는 것이다. 다른 사람이 다치지 않도록 지켜주는 것이 아니라 자신의 세계가 아무 문제없이 잘 굴러가도록 챙기는 것에 불과하다.

나는 선남들에게 이런 말을 자주 한다.

"당신의 감정은 어디까지나 감정일 뿐이지 그 때문에 사람이 죽는 일은 없습니다."

선남이 불안감을 느끼든, 무력감을 느끼든, 수치심이나 외로움을 느끼든, 또는 분노와 슬픔을 느끼든 간에 그런 감정이 인생 자체를 위험하게 하는 것은 아니다.

선남들에게 감정을 수용하라고 가르치는 의도는 그들을 나약하고 예민한 사람으로 만들자는 것이 아니다. 감정을 조절할 줄 아는 사람은 강하고 자신감과 활력이 넘친다. 선남들의 일반적 생각과는 달리 감정에 충실하다고 해서 굳이 여자 같은 남자가 돼야 하는 것은 아니다. 내가 선남들에게 다른 남자들로부터 감정에 대해 배우라고 권유하는 것은 그 때문이다.

억압된 감정과의 연결통로를 여는 특정한 공식이나 '올바른'

길이 있는 것은 아니나 친목 모임은 그 과정을 가르치고 시범을 보이고 지원할 수 있다. 어떤 점에서 치료 그룹은 가족이 될 수도 있다. 치료 중인 선남은 그런 환경에서 어린 시절 접하지 못한, 감정 처리에 필요한 도움을 요청할 수 있다. 선남 혼자서는 통제 불능의 상황을 맞이하는 것이 겁나겠지만 여러 사람이 모여 있는 환경에서는 일시적으로 그런 상황이 되더라도 안심할 수 있다. 그룹 치료를 받는 선남들은 배를 흔든다고 곧 물에 빠져 죽는 것은 아니라는 점을 깨닫게 된다. 또 자기 주변의 누군가가 어떤 감정을 갖는다고 해서 자신이 오그라들어 죽어 버리는 것은 아님을 깨닫게 된다.

감정은 인간의 생존에 필수 불가결한 요소다. 치료 중인 선남은 감정의 언어를 배움으로써 평생의 불필요한 짐을 놓아 버릴 수 있다. 그렇게 하면서 새로 찾은 에너지, 낙천과 인생관, 친밀성, 삶에 대한 열정을 체험하게 된다.

나는 몇 해 전 전혀 뜻밖의 기회를 통해 그 점을 절실히 깨달았다. 어느 날 아내가 자기 차를 후진시키다가 주차해 놓은 내 차를 들이받았다고 말했다. 그녀는 잘못했다는 생각에서 나한테 혼날 각오를 단단히 하고 있었다. 내가 미처 반응하기도 전에 먼저 자신을 보호하기 위한 방편으로 벽을 세워 놓고 그 뒤로 숨었던 것이다.

나는 화가 났다. 차 때문이 아니라, 그녀가 나를 한쪽으로 몰아가는 방식이 못마땅했다. 나는 감정을 솔직하게 분명히 표현했다. 무안을 주거나 비난하거나 하지 않고 단순히 "그만하라"고 말했다. 아내를 궁지로 몰아넣을 생각이 없음은 물론 그녀로부터 궁지로 몰릴 생각도 없다는 점을 분명히 했는데 그렇게 말하는 나의 감정이 어찌나 격했던지 우리 부부는 둘 다 놀랐다. 나는 자동차에 대한 생각이 없는 것이 아니지만 그보다는 그녀의 행동에 대한 감정이 더 강하다고 말했다.

"자동차 생각만 하게 나 좀 내버려둬. 그러면 어떻게 되겠지."

훗날 엘리자베스는 내게도 감정이 있다는 것을 확인하고 나니 훨씬 안심이 되더라고 나와 자신의 몇몇 친구들에게 털어놓았다. 아내는 내개 자동차 때문에 속은 상했지만 그렇다고 자기를 나쁘게 생각하는 것은 아니며 더더욱 자기를 버릴 생각은 없다는 것을 깨달았다. 내가 홧김에 닦달하지 말라고 했을 때 그녀는 오히려 안정감을 느끼고 나의 애정을 확인했다. 그래서 안심하고 내 곁에 앉아 자동차 문제에 대한 나의 생각을 들을 수 있었던 것이다. 그 사건을 계기로 우리는 한층 더 가까워지고, 그 뒤로 감정을 확실하게 직접 표현하는 것이 얼마나 훌륭한 치유력을 발휘하는지 상기할 때 이 사건을 떠올리게 됐다.

행동요령 20

감정 표현의 몇 가지 지침

• 다른 사람에게 초점을 맞추지 않는다. "너 때문에 화가
  난다." 대신, 자신의 감정에 대한 책임을 진다. "나는
  화가 난다."
• 생각을 말할 때 "조가 나를 이용하려고 했던 것 같다"는
  식으로 감정적인 단어를 쓰지 않는다. 대신, 신체의 체
  험에 신경 쓴다. "나는 무기력하고 무서운 느낌이 든다."
• 일반적으로 감정을 표현할 때는 '너'보다 '나'를 주어로
  삼는다. "네가 내게 비열하게 구는 것 같다"는 말의 경
  우처럼 '~같다'라는 표현을 쓰지 않도록 한다.

두려움에 맞서면
개인적 힘을 되찾을 수 있다

두려움이란 인간이 공통적으로 체험하는 것이다. 세상 사람은
모두 두려움을 체험한다. 겁이 없어 보이는 사람도 예외가 아
니다. 건강한 두려움은 위험이 닥칠지 모른다는 것을 알리는

경고로서 선남이 매일 겪는 두려움과는 성격이 다르다.

선남의 경우는 두려움에 대한 인식이 특히 예민하다. 그것은 그들이 여태껏 겪어온, 인생을 위태롭게 만드는 것처럼 보이는 모든 경험의 기억이기 때문이다. 그 두려움은 선남이 자기 힘으로는 아무것도 할 수 없었던 무기력한 어린 시절에 태어났다. 필요한 것이 제때 제대로 충족되지 않은 데 그 뿌리가 있다. 그 후 그 두려움은 위험을 기피하는 보수적 사회 체제에 의해 양육되었다. 그리고 인생이란 혼란스럽고 엉망이게 마련이며, 그것이 바뀌면 뭐가 어떻게 될지 모른다는 현실에 의해 그 두려움은 한층 더 고조되었다. 나는 이 같은 두려움을 '기억 공포'라 부른다.

어린 시절 형성된 기억 공포 때문에 선남은 세상이 위험하고 지나치게 벅차다는 생각으로 살아가게 된다. 그런 현실을 극복하기 위해 선남은 전형적으로 몸을 웅크리고 안전 제일주의로 나간다. 안전 제일주의로 나가는 대가로 선남은 불필요한 고통을 많이 겪는다.

- 새로운 상황을 회피하기 때문에 겪는 고통
- 익숙한 것에만 안주하기 때문에 겪는 고통
- 꾸물거리고 회피하고 자신이 벌여 놓은 것을 마무리 짓지 않기 때문에 겪는 고통

- 과거에 통하지 않은 일을 계속 고집해 사태를 악화시키기 때문에 겪는 고통
- 통제가 안 되는 것을 통제하려고 억지를 부리느라 힘을 허비하기 때문에 겪는 고통

놀런을 통해 기억 공포의 마비 효과가 얼마나 무서운지 알아보자. 놀런은 친구의 추천으로 나를 찾아왔다. 아내와 1년째 별거생활을 하고 있었지만 이혼 여부를 놓고 최종 결심을 내리지 못해 애를 먹고 있었다.

놀런은 내게 '혼란스럽다'는 말을 자주 했다. 그 혼란에는 강한 죄의식도 곁들여 있었다. 놀런은 끊임없이 머리를 굴렸다. 아내와 이혼했다가 나중에 실수였다는 것을 깨달으면 어떻게 하나? 아이들의 인생이 엉망이 되면 어쩌나? 아이들이 다시는 자기와 이야기하지 않겠다고 나오면? 친구들이 나쁜 놈이라고 욕하면? 죽어서 지옥에 떨어지면? 어찌 해야 좋을지 몰라 그처럼 '혼란'에서 헤어나지 못하는 한 놀런은 육신이 마비된 것처럼 아무것도 할 수 없었다.

내가 혼란스러운 것이 아니라 두려운 것 아니냐고 묻자 놀런은 처음에는 방어적 자세를 취했다. 남들에게 겁먹은 사람처럼 보이고 싶지 않았던 것이다. 우리는 어린 시절 그의 머릿속에서 어떤 기억 공포가 형성됐는지 함께 따져봤다. 그러는 동

안 그는 어릴 때 저질렀던 실수들은 영향력이 오래 지속된다는 점을 깨달았다. 그는 현 상황도 마찬가지일 거라고 생각했다.

결단 내리기를 주저하는 놀런의 두려움의 이면에는 장차 벌어지는 일을 해결하지 못할 것이라는 어린 시절의 두려움이 숨어 있었다. 우리는 그가 이혼할 경우 어떤 사태가 벌어질지 모든 가능성을 놓고 함께 머리를 짰다. 잠재적인 모든 가능성 뒤에는 그가 사태를 감당하지 못할 것이라는 무의식적인 믿음이 숨어 있었다.

나는 걱정스러운 것들의 목록을 적은 종이를 놀런의 손에 들려 보내면서 어떤 일이 일어나도 그가 해결할 수 있을 것이라고 격려했다. 다음 주 놀런은 자랑스러운 표정으로 변호사를 만나봤다고 말했다. 겁도 나고 걱정도 됐지만 "나는 해결할 수 있다"는 말을 되풀이하면서 용기를 얻었다는 것이다.

현재의 두려움을 직시하는 것만이 기억 공포를 이기는 유일한 방법이다. 선남은 두려움에 직면할 때마다 두려움의 대상이 무엇이든 무조건 해결할 수 있다는 신념을 부지불식간에 만들게 된다. 이것이 그의 기억 공포에 도전장을 내민다. 기억 공포에 도전장을 내밀면서 자신의 외부에 있는 것들이 덜 위험해 보이게 된다. 따라서 좀 더 자신감을 갖고 대할 수 있게 된다. 그런 자신감이 커질수록 세상살이에 대한 두려움이 줄어드는 것이다.

성실성을 개발하면
개인적 힘을 되찾을 수 있다

대다수 선남은 정직하고 믿을 만한 사람으로 자처한다. 그러나 실은 선남은 기본적으로 부정직하다. 그들에게는 거짓말을 하거나 진실을 유보하고도 여전히 자신이 기본적으로 정직한 사람이라는 착각에 빠질 수 있는 능력이 있다. 거짓말이란 두려움을 기본으로 삼는 행동이기 때문에 거짓말을 하고 진실을 유보하는 선남은 개인적 힘을 가질 수 없다.

나는 진실이 아닌 모든 것은 거짓말로 규정한다. 너무 뻔한 이야기 같겠지만 '거짓말하기'와 '진실 말하기'의 정의를 내려

둘 필요가 있다. 선남은 자신의 행동을 합리화하는 정의를 만들어 내는 재주를 갖고 있기 때문이다.

말이 모순된다는 점은 전혀 인식하지 못한 채 그들이 "나는 정직한 편"이라거나 "나는 대체로 정직한 편"이라고 말하는 것을 흔히 들을 수 있다. 선남은 거의 어린이 수준으로 이렇게 둘러댄다.

"나는 거짓말을 하지 않았어요. 모든 것을 다 말하지 않았을 뿐이지."

조엘은 잘 나가는 건설회사를 갖고 있었다. 가끔 평소보다 조금 일찍 퇴근하고 극장에 가서 영화를 보는 취미가 있었다. 그러나 흥볼지도 모른다는 걱정 때문에 아내에게는 그 시간을 어떻게 때웠는지 말하지 않았다. 혹시 그 사이에 아내가 전화를 걸었을 경우를 대비해 늘 핑곗거리를 준비해 두고 있었다. 여기서 아이로니컬한 것은 아내에게 거짓말을 할 필요는 전혀 없었다는 점이다.

조엘은 자신의 행방에 관한 진실을 감추려고 온갖 잔꾀를 부리고 있으면서도 막상 자기 자신과 아내를 속이고 있다는 생각은 전혀 하지 않았다. 그러나 거짓말을 했다는 양심의 가책 때문에 아내 앞에서는 늘 불안한 마음이었으니 그런 상황에서 힘 같은 것이 나올리 없다.

진실을 말하는 법을 배우기 시작하는 선남들에게 나는 다른 사람들에게 가장 알리고 싶지 않은 사항에 신경을 쓰라고 권유한다. 그것은 그들이 진실을 털어놓지 않을 가능성이 가장 높은 동시에 털어놓을 필요성이 가장 높은 사항이다. 때로는 진실을 털어놓는 법을 배우기 위해 여러 차례 연습이 필요할 때도 있다.

선남들은 간혹 진실을 털어놓으면 화를 내는 사람들이 있다면서 자기가 '실수'를 한 것 아니냐고 말한다. 진실을 말한다는 것이 순탄한 인생을 살아가게 해주는 마법의 묘약은 아니다. 그러나 성실한 삶을 살아가는 것은 가식과 왜곡을 바탕으로 한 삶을 살아가는 것보다 쉽다.

선남 신드롬을 치료하려면 반드시 성실성을 개발해야 한다.

내가 말하는 성실성이란 어떤 것이 올바른지 결정해 시행하는 것이다.

그것의 대안은 '위원회 방식' 이다. 다른 사람들이 옳다고 생각 하는 것이 무엇일지 추측해 의사를 결정하고 행동하는 방식을 말한다. 이 같은 위원회 방식을 사용하는 것은 혼란과 두려움, 무력감, 부정직에 이르는 지름길이다.

위의 정의를 적용할 때 성실성의 밖으로 벗어나는 방법은 두 가지이고, 성실성의 안으로 들어가는 방법은 단 한 가지다. '무엇이 올바를까?'라는 자문自問조차 하지 않거나 위원회 방법을 쓰는 선남은 늘 성실성의 바깥에 머무르게 된다. 무엇이 올바른 것인지 늘 자문은 하나 그것을 시행하지 않을 경우에도 역시 성실성의 바깥에 머무르게 된다. 무엇이 올바른 것인지 스스로 자문하고 그것을 시행하는 경우, 그때 비로소 그는 성실한 사람이 된다.

> **행동요령 22**
>
> 자신이 그동안 성실하지 못했다고 생각되는 한 가지 측면을 선정한다. 진실을 말하거나 올바른 일을 하지 못하도록 방해하는 두려움의 정체를 파악한다. 그 상황을 안전한 사람에게 말한다. 그런 다음 진실을 말하거나 또는 상황을 올바르게 하기 위해 할 일을 한다. 그 일을 혼자 힘으로 해낼 수 있다고 다짐한다. 진실을 말하면 당신이나 다른 사람들에게 위기가 올 수도 있으므로 관련된 사람 전원이 이 위기를 극복할 수 있을 것이라는 자신감을 갖는다.

한계를 설정하면
개인적 힘을 되찾을 수 있다

생존하는 데는 반드시 한계 설정이 필요하다. 선남이 한계를 설정하는 법을 배우면 무기력한 희생자라는 기분을 떨구고 개인적 힘을 되찾을 수 있다. 한계 설정은 내가 치료 중인 선남들에게 가르치는 기본 과목 가운데 하나다.

나는 한계 설정의 개념을 가르치기 위해 구두끈을 바닥에 놓고 경계선을 긋는 방법을 쓴다. 먼저 선남에게 내가 그의 영역을 침범할 테니까 나의 존재가 불편하게 느껴지는 순간 제지하라고 말한다.

선남들은 줄에서 한창 떨어진 곳에 서서 내가 자신의 공간을 침입해도 몇 발자국 안으로 가까이 다가오기 전에는 반응조차 보이지 않는 경우가 많다. 내가 자기 앞으로 다가가면 몇 발자국 뒤로 물러나면서도 나를 제지할 생각을 하지 않는 것이 보편적이다. 어떤 경우에는 벽까지 밀리면서도 가만있는 선남도 있다.

나는 인생의 모든 국면에서 한계를 설정할 필요성이 있다는 것을 생생하게 보여주기 위한 방편으로 이 훈련을 실시한다. 선남은 뒤로 물러나고 굴복함으로써 분란을 일으키지 않는 것이 낫다고 생각한다. 자신이 한 발자국 뒤로 물러나면 상대방도 침범을 중단할 것이고 그러면 만사가 조용해진다는 생각을 하는 것이다.

선남들에게 한계 설정을 가르치면 처음에는 좀 무리하는 경우를 왕왕 볼 수 있다. 그들은 양 극단을 오가는 성향이 있다. 한계를 설정하라고 하면 막무가내 식으로 나간다. 무지막지한 무기를 들고 한계를 설정하려 든다. 그러나 시간이 지나면 자신이 할 일이라고는 일이 되도록 하는 데 필요한 만큼의 저항 뿐이라는 것을 깨닫게 된다.

시간이 지나면 그들은 또 한계 설정이란 것이 남을 변화시키는 것이 아니라 자신을 변화시킨다는 점도 깨닫는다. 어떤 사람이 영역을 침범해 들어오면 그것은 타인의 문제가 아니라 바로 자신의 문제인 것이다.

선남은 흔히 기억 공포 때문에 견디기 힘들어하는 바로 그런 행동을 무의식 중에 조장한다. 그들은 어린 시절의 성장 여건 때문에 주변 사람들에게 자신의 영역은 침범당해도 괜찮다는 메시지를 보낸다. 치료 중인 선남이 다른 사람들이 자신을 함부로 대하지 못하도록 신경 쓰기 시작하면 행동부터 달라진다. 용인할 생각이 없는 행동들을 자기도 모르게 권장하던 짓을 더 이상 하지 않게 됨에 따라 주변 사람들의 행동도 바뀐다. 그에 따라 선남들의 인간관계는 성숙하게 된다.

20대 중반의 군인 제이크는 용인 못할 행동을 내버려두는 것은 관계에 해롭고, 한계를 설정하는 것은 그 관계에 생존의 기회를 부여하는 것임을 여실히 보여주는 예라 하겠다.

제이크의 아내 키샤는 결혼 직전 옛 애인과 바람을 피웠다. 그러나 제이크는 그녀를 잃고 싶지 않았기 때문에 용서하고 그녀의 부정 문제를 절대 거론하지 않겠다고 약속했다. 덕분에 키샤는 얼마든지 자기 하고 싶은 대로 하고 제이크는 감정을 유보하고 살얼음판을 걷는 심정으로 조심조심하는 관계 패턴이 정립되었다. 그는 혹시 '잘못된' 말을 해 그녀의 감정을 상하는 일이 있을까 싶어 입을 열 때마다 신중에 신중을 기했다.

한번은 몇몇 친구들과 함께 술을 마시는 자리에서 키샤가 술에 취해 버렸다. 그녀는 술에 취하면 항상 시비 걸기를 좋아하고 아무 남자의 품에나 안겼다. 이번에는 제이크를 모멸하는 말을 내뱉고 그날 밤 내내 술집 안의 다른 남자들과 블루스 댄스를 추었다.

묵묵히 참을 만큼 참았던 제이크는 마침내 그녀에게 술이 지나친 것 같으니 이제 그만 집에 가자고 말했다. 그러나 그녀는 그에게 욕을 퍼붓고 계속 춤을 추었다. 화간 난 제이크는 '쌍년'이라는 욕을 한 다음 혼자 집으로 돌아갔다.

다음 날 아침 키샤의 친구가 그녀를 집으로 데려왔다. 그녀는 그날 내내 한 마디 말도 하지 않았다. 그는 버텨보려고 했지만 몇 시간 동안의 참담한 기분을 견디지 못해 결국 쌍년이라고 욕해서 미안하다고 사과했다.

그 주 후반에 제이크는 '선남은 이제 그만' 그룹에서 내키지 않는 표정으로 그 이야기를 고백했다. 모임 회원들은 그를 격려했다. 그들은 용인해서는 안 되는 행동을 용인하는 바람에 부인이 자기 마음대로 행동하게 된 것 아니냐는 점을 지적했다. 문제는 키샤가 아니라 그에게 있다는 지적이었다.

제이크가 달라지지 않는 한 아내가 먼저 달라질 이유가 없었다. 한계 설정을 하지 않음으로써 제이크는 정상적인 결혼생활을 누릴 기회를 스스로 박탈한 것이었다.

다음 날 제이크는 정색을 하고 키샤와 마주 앉았다. 우선 일이 이렇게 된 데는 자신의 책임이 있다는 점을 인정했다. 그리고 앞으로 용인할 수 없는 행동은 절대 용인하지 않겠다고 선언했다. 그러면서 자신이 설정한 한계를 말했다. 친구들 앞에서 자신을 경멸하는 행위도 더 이상 용납하지 않겠다, 결혼생활을 계속하려면 과음 문제도 반드시 고쳐야 한다, 등이었다.

키샤는 누구도 자신에게 이래라 저래라 할 수 없다고 대들었다. 그리고 짐을 싸더니 그날 밤 친구 집으로 가버렸다. 며칠 동안 제이크는 처참한 기분이 들었지만 전화를 해 빌면서 돌아오라고 사정하고 싶은 것을 꾹꾹 참았다. 그 대신 그룹의 친구들에게 전화를 걸었다.

사흘 뒤 키샤가 전화를 했다. 처음에는 그에게 돼지라는 욕을 하고 싶었지만 사실 그의 말이 옳다는 것을 알고 있었다고 말했다. 결혼생활 최초로 그를 존경하는 마음이 생겼다는 말도 했다. 그녀는 결혼생활을 유지하고 싶으며 그러기 위해 자신이 할 일을 기꺼이 하겠다고 말했다. 키샤는 다음 주부터 치료를 시작했다.

거친 인생의 들판에서

순탄한 인생의 '열쇠'라는 것은 없다. '착하게' 살거나 '올바르게' 행동하는 것이 혼란스럽고 변화무쌍한 인생의 현실로부터 선남을 지켜주는 것은 아니다. 선남 패러다임이 만들어 내는 것은 기껏해야 남들이 괴롭히고 조롱해도 아무 말 못하는 얼간이들일 뿐이다.

치료 중인 선남이 포기하고, 현실에 머무르고, 감정을 표현하고, 두려움을 직시하고, 성실성을 개발하고, 한계를 설정하기 시작하면 인생의 '도전'과 '선물'을 반기고 포용할 수 있게 만들어 주는 힘을 얻게 된다. 인생은 회전목마가 아니라 청룡 열차다. 치료 중인 선남은 개인적 힘을 되찾는 과정에서 이 세 상에 가득한 뜻밖의 아름다움을 경험할 수 있다. 인생은 늘 순 탄하지도 않고 늘 아름답지도 않을 테지만 절대로 놓치기 아까 운 모험인 것은 틀림없다.

Chapter

06

도로 남자다운
남자가 되자

도로 남자다운 남자가 되자

지난 수십 년 동안의 일반 통념과는 반대로 남자가 남자다운 것은 잘못이 아니다.

제2차 세계대전 이후 태어난 남성은 불행하게도 서구 역사에서 유일하게 '남자답다'는 것을 곱지 않게 보던 시대에 자랐다. 전후 가족과 사회에서 일어난 두 가지 중대한 변화의 결과였다. 소년들은 아버지나 기타 건강한 남성 역할 모델로부터 괴리되었고, 여자들로부터 인정받고 여자들이 정의하는 남성상을 받아들이는 신세가 되었다.

그 결과 많은 소년과 남자들이 남성의 특성 가운데 부정적인 것들(그들의 아버지나 다른 '형편없는' 남자들의 특성 같은 것)을 숨기거나 없앤 다음 여자들이 원하는 모습으로 다시 태어나야 한다고 믿게 되었다. 많은 남성이 사랑받고 필요를 충족하고 순탄한 삶을 사는 데는 그런 인생 작전이 반드시 필요하다는 결론을 내렸다.

20세기 후반 50년 동안의 지속적 사회 변화에 따라 그 신념 체제는 베이비붐 세대의 남성들에게만 국한되지 않기에 이른다. 나는 30대, 20대, 10대 남성들에게서 강한 선남 기질을 자주 발견한다. 세대가 아래로 내려갈수록 남성들은 점점 더 수동적으로 변해가는 것 같다. 그 같은 사회 여건은 선남에게 여러 가지 영향을 끼친다.

- 선남은 다른 남성들로부터 괴리되는 경향이 있다.
- 선남은 자신의 '남성다움'으로부터 괴리되는 경향이 있다.
- 선남은 엄마에 대해 일편단심을 품는 경향이 있다.
- 선남은 여인들로부터 인정받고 싶어하는 경향이 있다.

선남은 다른 남성들로부터 괴리되는 경향이 있다.

선남은 흔히 이런 말을 한다.

- "나는 남자들과 함께 있으면 영 불편하다. 무슨 이야기를 해야 할지 모르겠다."
- "남자들은 대체로 멍청하다."
- "전에는 동성 친구들이 있었지만 마누라가 하도 난리를 치는

바람에 포기해 버렸다."

- "나는 외톨이다."

많은 선남들이 어린 시절 같은 남성들과 긍정적인 교류를 해본 경험이 적기 때문에 남자들끼리 어울리는 데 어려움을 느낀다. 이들은 아버지 곁에서 자라지 못했기 때문에 남자들과 어울려 좋은 관계를 맺어가는 데 필요한 기술을 배우지 못했다.

선남들의 또 다른 공통 특성은 자신은 다른 남자들과 다르다는 신념을 갖고 있다는 점이다. 그 같은 비뚤어진 생각은 '형편없는' 아버지와 다른 사람이 되려고 애쓰던 어린 시절부터 시작된다. 선남은 통상적으로 성인이 된 뒤에도 다른 남성을 그런 식으로 바라본다. 선남은 다음과 같은 생각에서 자신이 다른 남자들과 다르다고(우월하다고) 생각한다.

- 자신은 지배하지 않는다.
- 자신은 화를 내지 않는다.
- 자신은 폭력을 쓰지 않는다.
- 자신은 훌륭한 애인이다.
- 자신은 훌륭한 아버지다.

선남은 다른 남성들로부터 괴리돼 있는 한, 또는 자신이 다른 남자들과 다르다고 생각하는 한 남성 사회의 파워나 우정에 서 얻을 수 있는 수많은 긍정적 혜택을 스스로 차단하게 된다.

행동요령 24
위의 리스트를 검토한다. 당신이 아버지나 다른 남자들과의 차별성을 유지하기 위해 의식적으로나 무의식적으로 어떤 행동을 하는지 주목한다. 자신이 다른 남자들과 다르다는 생각을 함으로써 다른 남자들과 멀어지게 되는 것은 아닌가?

선남은 자신의 '남성다움'으로부터 괴리되는 경향이 있다

나는 '남성다움'의 정의를 한 남성이 개인으로, 집단으로, 종種으로 생존할 수 있도록 가르치는 그 남성의 어떤 부분으로 내린다. 이 남성적 에너지가 없었다면 우리는 이미 오래 전에 멸종했을 것이다. 남성다움은 남자에게 창조와 생산의 힘을 부여한다. 그리고 소중한 사람들을 먹여 살리고 보호하는 힘도 부여한다. 이 같은 남성다움의 측면에는 힘, 규율, 용기, 정열, 끈기, 성실성 등이 포함된다.

남성 에너지는 또 공격성, 파괴성, 잔혹성의 잠재력을 상징한다. 선남(과 대다수 여성)은 그런 특성에 겁을 먹고 그런 특성을 억누르기 위해 특단의 노력을 기울인다.

대다수 선남은 남성 에너지의 어두운 면을 억누르면 여성으로부터 인정받을 것이라고 생각한다. 1960년대 이후 우리 문화에 번진 반反 남성 분위기를 생각하면 그렇게 생각하는 것이 자연스럽게 보이기도 한다. 아이로니컬하게도 이들은 여자들이 자기들 같은 선남보다는 '얼간이들'에게 마음을 주는 것 같다고 푸념한다. 많은 여성이 선남은 눈에 띄는 생활 에너지가 없기 때문에 끌리고 자시고 할 것이 없다고 내게 말했다. 또 '얼간이'들에게 이끌리는 것은 그들에게 남성적인 면이 더 많기 때문이라고 말했다.

선남은 남성다움의 어두운 측면을 회피하는 과정에서 본의 아니게 그 남성 에너지의 다른 측면들을 동시에 억누르게 된다. 그 결과 성적 적극성, 경쟁력, 창의력, 에고, 과시벽, 힘 등을 잃어버리는 경우가 많다. 마당에서 노는 꼬마들을 가만히 관찰해 보면 그렇다는 것을 알 수 있다. 나는 그런 특성들은 간직할 만한 가치가 있다고 생각한다.

선남이 남성 에너지를 억누름으로써 얻는 가장 분명한 결과는 가정에서 리더십을 발휘하지 못한다는 점이다. 파트너의 비위를 상하게 해서는 안 된다거나 독단적이고 권위주의적이던 아버지를 닮아서는 안 된다는 두려움 때문에 그들은 종종 가정에 필요한 리더의 역할을 제대로 수행하지 못한다. 그 결과 가정을 이끌어가는 책무가 아내에게 주어진다. 내가 이야기를 나눠 본 대다수 여성은 그런 임무를 맡고 싶은 생각이 없었지만 달리 할 사람이 없기 때문에 맡은 것이었다.

선남은 엄마에 대해
일편단심을 품는 경향이 있다

평생 엄마만을 사랑한다는 것은 선남들의 공통 패턴이다. 부지불식간에 이런 끈끈한 관계가 형성되는 것은 어린 시절의 발달 과정이 정상이 아니었기 때문이다.

어린 소년은 자연적으로 자기 엄마와 사랑에 빠지게 되어 있고 엄마를 독차지하고 싶어한다. 건강한 엄마와 아빠는 아들이 이런 정상적인 발육단계를 잘 지나갈 수 있도록 돕는다. 그에 따라 소년들은 엄마의 그늘에서 벗어나 남자아이들과 관계를 맺게 되고 성인이 되면 다른 여자와 친밀한 관계를 맺게 된다.

소년이 그처럼 건강하게 자라려면 양친의 역할이 중요하

다. 우선 엄마는 어느 정도나 베풀어야 자식의 독립성을 해치지 않으면서도 필요를 충족시켜 줄 수 있는지 알아야 한다. 또 아들을 이용해 필요를 충족하고 싶은 유혹을 받지 않도록 자신의 필요를 스스로 충족하는 방법도 알아야 한다. 둘째로, 아버지는 늘 아들 곁에 있으면서 건강한 유대관계를 유지해야 한다. 이런 연결고리는 소년이 엄마의 안락한 무릎 위에서 일어나 도전이 기다리는 남성들의 세계로 이동하는 데 도움이 된다.

위에서 설명했듯이 대다수 선남은 어린 시절 아버지와 가깝게 지내 본 경험이 없다고 말한다. 그 결과 많은 선남들은 그 대신 엄마와 건강하지 못한 유대관계를 맺어야 했다. 그 같은 유대관계는 화를 내거나 잔소리를 하거나 지배하려 드는 엄마의 비위를 맞추는 과정에서 형성됐을 것이다. 남에게 의존하려 드는 엄마를 돌보면서 생긴 필연적 결과인 경우가 많다. 아버지의 도움이 없기 때문에 이 소년들은 혼자 힘으로 힘든 상황을 개척해야 했던 것이다.

성난 엄마의 비위를 맞춘다든가 엄마의 꼬마 파트너가 된다는 유년기 상황을 통해 선남은 부지불식간에 엄마만을 사랑하게 되고 건강한 방식으로 자기 개성을 구축하지 못한다.

어린 시절 엄마만을 사랑하면서 자란 선남은 성인이 된 뒤, 그의 파트너는 어느 단계에서 그가 진정으로 마음을 열지 않는다는 생각을 하게 될 것이다. 파트너는 그것이 그와 엄마의 관계에서 기인한다고 단정짓지는 않겠지만 뭔가 잘못됐다는 생각은 할 것이다.

50대 후반의 여성 아니타는 엄마만을 사랑하는 어떤 남자와 결혼했다. 아니타는 내게 전화를 걸어와 개별면담을 요청했다. 자기 남편이 바람을 피우는 게 분명하다면서 나의 조언을 듣고 싶어했다. 상담이 시작되자 그녀는 소파에 앉아 초조한 마음을 감추기 위해 억지로 웃었다.

"여기까지 오다니 참 어처구니없다는 생각도 듭니다만 이야기할 상대가 없어서요. 저 아주 미치겠어요. 남편이 비서와 바람을 피우는 것 같거든요. 그이는 아니라고 발뺌하지만 뭔가 일이 있는 게 틀림없어요. 증거가 한둘이 아니에요."

아니타의 얼굴에 떠 있던 미소는 사라지고 그 자리를 슬픈 표정이 차지했다. 그녀는 휴지를 뽑아 눈물을 훔쳤다.

"더튼은, 그게 제 남편 이름이에요. 요즘 힘든 일을 너무 많이 겪었죠. 직장에서는 스트레스를 받고, 자금 사정도 어려운데다가 지난해에는 시어머니가 돌아가셨거든요. 그이는 워낙 시어머니와 가깝게 지냈기 때문에 돌아가신 것이 무척 견디기 힘들었을 거예요."

아니타는 남편의 부정을 의심한다는 이야기를 하다가 시어머니 이야기로 방향을 틀었다.

"그이는 시어머니가 돌아가시자마자 비서에게 홀렸나 봐요. 공백을 메워 줄 그 무엇이 필요했던 거겠죠. 저는 시어머니를 좋아했었는데, 아주 훌륭한 분이셨죠. 그러나 항상 남편이 저보다는 그분과 가깝다는 생각을 지울 수가 없었어요. 이게 정상인가요? 시어머니를 질투한다는 거요?"

그녀는 궁금하다는 표정으로 물었다. 나는 남편의 가족 이야기를 좀 더 해보라고 말했다.

"그이는 자기 아버지만 빼고 나머지 가족은 다 좋은 사람이라고 생각해요. 물론 시어머니 때문에 그런 거죠. 그분은 정말이지 성인이나 다름없어요. 시아버지는 자식들을 몹시 학대하셨던 분이에요. 그러니 남편이 엄마에게 기댈 수밖에 없었던 거죠. 그분은 늘 자식들의 말을 들어주고 곁에 있어 줬죠."

아니타는 남편의 부정 의혹 대신 다른 이야기를 할 수 있게 되자 마음이 놓이는 표정이었다.

"돌아가시기 전에 더튼은 두 분 집에 카펫을 사주었고 안락의자도 두 개 들여놓았죠. 시아버지는 평생 그런 걸 사지 않는 분이라는 것을 알고 있었으니까요. 남편은 시어머니를 정말 지극 정성으로 모셨답니다. 시아버지와 힘들게 살아오신 데 대한 보상을 하는 거라고 생각했어요. 한번은 제가 약이 올라서 자기 마누라보다 어머니를 더 위한다고 나무랐죠. 그랬더니 벌컥 화를 내더라고요."

아니타는 두 팔로 폭발하는 제스처를 만들었다.

"절대 다시는 그런 말을 하지 말라더군요. 그리고는 2주 동안 제게 한 마디도 안 하는 거예요. 그래서 그 이야기는 하면 안 된다는 것을 단단히 배웠죠."

아니타는 잠시 말을 멈췄다.

"시어머니가 돌아가신 것과 그이가 바람을 피우는 것 사이에 무슨 연관성이 있을까요? 두 모자는 워낙 사랑했으니까 아마도 비서가 그 공백을 메우는지도 모르죠. 이게 말도 안 되는 생각일까요?"

선남은 여인들로부터 인정받고 싶어한다

가정적, 사회적 여건 때문에 선남은 여자들로부터 인정받으려고 애쓴다. 이들은 여자들이 어떤 스타일의 남자를 원하고 그들로부터 어떤 행동을 기대하리라고 미리 상상하고는 그런 사람이 되려고 애쓰지만 그 같은 간절한 바람에도 불구하고 여자들로부터 인정받지 못해 심한 좌절감에 빠진다.

그 같은 좌절감이 생기는 이유는 대체로 여자들은 자신을 만족시키려고 애쓰는 남자는 허약한 남자라고 생각해 경멸하기 때문이다. 대다수 여자는 자신을 만족시키려고 애쓰는 남자를 원치 않는다. 오히려 자기 자신에게나 신경 쓰는 남자를 좋아한다. 여자들이 수동적이고 눈치나 살피는 맥없는 남자는 원치 않는다는 내 견해에는 대다수 여성이 맞다고 동의했다. 그들은 남자를 원한다. 사나이다운 배짱을 가진 남자 말이다.

배짱을 되찾을 것

남자들과의 교제를 피하고 여성들로부터 인정받으려고 하는 선남은 사랑과 인생에서 진정으로 원하는 것을 얻을 수 없다. 선남 신드롬의 영향을 뒤엎기를 원하는 선남은 남성다움을 되찾아야 한다. 그러려면 남성적 특성을 모두 수용해 사나이다운 사나이가 되는 것은 좋은 녀석이라는 사실을 반드시 믿어야 한다. 남성다움을 회복하는 과정은 다음과 같다.

- 다른 남성들과 어울린다.
- 강해진다.
- 건강한 남성 역할 모델을 찾는다.
- 아버지와의 관계를 재검토한다.

남자들과 어울리면
남성다움을 되찾는 데 도움이 된다

남성다움을 되찾으려면 반드시 남자들과 어울려야 한다. 남자들과의 유대관계를 구축하려면 의도적 노력이 필요하다. 이 과정은 우선 친구를 사귀겠다는 결심으로 시작된다. 그러기 위해서 선남은 시간을 내고 위험을 감수하고 나약한 면을 드러낼 각오를 해야 한다. 대다수 선남의 경우 시간이야말로 남자들과 어울리는 데 장애가 되는 첫째 요인인 것 같다. 동네 사람과 이야기하거나 친구와 전화 통화를 하거나 구기경기에 참가하려면 우선 시간을 내야 한다. 그러나 많은 선남이 아내나 가정 및 직장에 얽매여 있기 때문에 따로 시간을 내야 하는 문제가 있다.

남자들과 어울리려면 남자들과 함께 남자들이 하는 일을 해야 한다. 거기에 무슨 바른 길이 있는 것은 아니지만 어떤 팀에 합류하고, 스포츠 행사에 참가하고, 기도회나 토론회에 참석하고, 포커게임을 하며 밤을 새우거나 자원봉사 나가기, 낚시나 달리기 등이 있으며 그 밖에 그냥 어슬렁대는 것도 가능하겠다.

앨런은 선남이 일반 남자들과 어울리기로 마음먹을 경우 어떤 결과가 나오는지를 잘 보여준다. 앨런은 순전히 자신만을 위해 뭔가를 하는 데, 특히 그것을 다른 남자들과 함께하는 데 어려움을 겪었다. 그 문제를 해결해 보려고 결심한 뒤 우선 남자들과 잘 어울리지 못하는 이유와 그런 패턴을 고치기 위해 무엇을 할 수 있는지를 살펴야 했다.

앨런이 제일 먼저 한 일은 남성 전용 치료 그룹에 합류한 것이었다. 그러고 나서도 그룹 멤버가 아닌 다른 남자들과 뭔가 공동으로 하기까지는 1년 이상의 세월이 더 필요했다. 일단 남자들과 어울리게 되자 그들은 고립을 자초하는 그의 방어 메커니즘에 대해 충고를 해주었다. 또 그가 부인을 대하는 자세도 바꿀 수 있도록 도왔다.

앨런은 스포츠 클럽에도 가입해 다른 남자들과 함께 배구와 라켓볼을 하기 시작했다. 나중에는 자신이 앞장서 소프트볼 팀을 만들었다. 처음에는 특히 가족들로부터 떨어진 채 자신만을 위해 시간을 낸다는 것이 몹시 힘들었다.

몇 해가 걸리기는 했지만 앨런에게는 이제 친한 친구 두어 명이 생겼고 그 외에도 정기적으로 만나는 친구가 여러 명 있다. 심지어 1년에 한 번씩 시간을 내서 친구들과 함께 전국을 돌아다니며 주말 골프를 즐긴다. 그는 해마다 한 번씩 갖는 이 친구들과의 여행을 가장 중요한 행사로 꼽는다.

앨런과 부인 마리는 앨런이 남자들과 어울려 보기로 결심한 것이 결혼생활을 살렸다고 생각한다. 앨런은 아내를 감정 축으로 삼았었다. 그의 인생은 그녀를 만족시키고 행복하게 만드는 것을 위주로 돌아갔다. 앨런은 아내에게 주는 것만큼 돌려받지는 못한다고 생각했다. 결과적으로 툭하면 적개심이 생기고 수동적-공격적 상태에 빠져들었다. 앨런이 다른 남자들과 어울리면서 감정적, 사회적 필요를 충족시키자 아내의 심적 부담감은 크게 줄었다.

앨런은 남성 에너지를 되찾아가면서 아내 마리의 눈에 좀 더 매력적으로 비치기 시작했다. 처음에 앨런은 친구들과 함께 놀 생각이라는 말을 하기가 어려웠지만 일단 그렇게 말하자 그녀는 그를 다시 보게 되었다. 이처럼 존경심이 생기면서 그녀는 앨런과 처음 사귈 때 느꼈던 감정들이 되살아나는 것을 느꼈다.

앨런은 남자들과 어울리면 여러 가지 좋은 점이 있다는 것을 깨달았다. 아마도 선남에게 가장 도움이 되는 것은 여성과의 관계가 개선된다는 점이리라. 나는 선남들에게 늘 "애인이나 아내와의 관계를 위해 할 수 있는 가장 좋은 일은 친구를 사귀는 것"이라고 말한다. 치료 중인 선남이 친구들을 통해 많은 감정적 필요를 충족시키면 여성을 대할 때 의존도가 줄고 잔꾀를 부리지 않게 되며 적개심도 줄어든다.

치료 중인 선남이 친구를 사귀게 되면 여자들의 평가에 전처럼 예민하게 반응하지 않고 여성의 말에 좌우되던 경향도 많이 사라지게 된다. 애인이나 부인이 화를 내거나 자신을 얼간이로 취급하더라도 친구들은 자기를 정상으로 여긴다는 데서 위안을 얻을 수 있다. 따라서 자기 파트너를 만족시키기 위해 고민 해결사를 자처하는 일이 줄게 된다.

남성과의 우정에는 섹스가 전제되지 않기 때문에 상당히 깊이 있게 사귀는 것이 가능하다. 여성의 경우 선남은 파트너의 심경을 건드려 섹스를 거부하게 만들 가능성이 있다 싶은 일은 피하려 들게 마련이다. 그러나 친구들 앞에서는 여자 파트너의 경우처럼 만족시키고, 달래고, 거짓말하고, 뒷바라지하고 자신을 희생해야 할 필요성을 느끼지 않는다. 섹스라는 전제가 없기 때문에 이성과의 관계에서는 보편적으로 있는 두려움이나 비정상적 행위가 사라지는 것이다.

엄마에 대한 일편단심을 깨는 법

남자들과 어울리면서 우정이 쌓이면 어머니에 대한 일편단심에서 벗어날 수 있다. 꼬마가 자기 엄마를 상대로 정신 건강에 해로운 관계를 형성하게 되는 것은 전적으로 아버지의 책임이다. 그런 현상을 뒤엎는 해결책은 다른 남자들과 건강한 친구 관계를 형성하는 것이다.

내 딸 제이미가 열여덟 살 때 남자 친구가 생겼는데 엄마에 대한 일편단심을 품으며 자란 녀석이었다. 아버지는 업무상 늘 돌아다녀서 아이가 기댈 수 있는 존재가 아니었을 뿐 아니라 성격마저 엄격하고 잔소리가 많았다. 소년의 어머니는 아들을 감싸고 자신의 감정 파트너로 삼았다.

제이미는 애인의 관심과 애정을 놓고 마치 그의 엄마와 경쟁을 벌이는 듯한 느낌을 여러 차례 받았다. 불행하게도 승리는 항상 우선권을 쥔 엄마의 것이었다. 제이미로서는 애인의 엄마를 질투하고 경쟁을 벌인다는 것이 영 거북스러웠다. 그러나 애인과 엄마가 유별나게 사이가 좋은 케이스라고 생각하는 정도로 넘어갔다.

어느 금요일 밤 제이미와 나는 외식을 하러 나갔다. 식사를 하는 동안 제이미는 애인의 엄마와 경쟁을 벌이는 처지가 짜증스럽다고 말했다. 특히 그가 해병대에 지원해 훈련소에 가 있기 때문에 더더욱 그런 기분이 든다는 것이었다. 나는 딸의 처지에 공감을 표명하고 삶의 지혜를 들려주었다.

"네 애인은 전형적인 선남이구나. 원래 엄마에게 일편단심을 품도록 자란 거란다. 안타까운 것은 덕분에 너와의 완전한 결합은 불가능하리라는 점이지. 항상 어떤 것이 두 사람 사이를 가로막을 거야. 넌 다른 문제가 있다고 생각하겠지만 진짜 문제는 개와 엄마의 관계란다."

제이미는 내 이야기를 듣고 썩 유쾌한 기분이 아니었다. 그러나 열여덟 살짜리 치고는 제법 직관이 있어서 내 말이 사실이라는 것을 깨달았다. 그래서 자기가 본 몇 가지 그런 현상을 예로 들어 말했다.

"희망이 있을까요? 자기 엄마의 굴레에서 벗어나 내게 마음을 열 수 있을까요?" 제이미가 물었다.

"그럼." 내가 대답했다.

"한 가지 희망이 있지. 걔가 자기 아버지와는 해보지 못한 방식으로 다른 남자들과 어울리는 거야. 해병대에 들어가 다른 남자들과 지내게 됐으니 잘된 셈이다. 너도 그러하고 힘을 실어 줘야 해. 너희 둘이 계속 연애를 하거나 혹시 결혼까지 할 생각이라면 걔보다 남자들과 잘 사귀라고 말해 줘라. 엄마에 대한 일편단심을 깰 유일한 희망이니까."

한 달쯤 뒤 제이미는 신병훈련소 퇴소식에 참석하기 위해 애인의 부모와 함께 샌디에이고에 갔다. 평소와 마찬가지로 그의 엄마는 아들에 대한 텃세를 유감없이 부렸다. 놀랍게도 제이미는 애인에게서 달라진 모습을 발견했다. 몇 차례 자기 엄마와의 관계에 한계선을 긋는 행동을 하고 그녀가 지나치게 감정적으로 다가오는 것을 거부했다. 제이미는 그것이 모두 애인이 훈련소에서 사나이들끼리 지내면서 자신의 남성다움을 받아들이게 된 데서 나온 결과라는 것을 알 수 있었다.

> **행동요령 25**
>
> 좀 더 잘 알고 싶은 세 사람의 이름을 적는다. 각 이름 옆에 함께할 수 있는 행동을 적는다. 그런 다음 날짜를 적고 그날까지 반드시 그를 접촉하겠다는 맹세를 한다.

강해지면 남성다움을 되찾을 수 있다

남성답다는 것은 곧 강한 신체와 파워를 상징한다. 선남은 성장 여건상 그런 특성을 두려워한다. 그래서 정서적으로나 신체적으로 부드러움을 지향한다. 혹자는 그런 부드러움에 자부심을 느끼기까지 한다. 내가 만나 본 선남 중에는 꾸준히 운동을 하거나 무술을 배우면서도 여전히 자신의 힘을 두려워하는 사람이 많았다.

자신의 남성다움을 받아들인다는 것은 신체와 파워, 넓이를 받아들인다는 뜻이다. 그러기 위해 치료 중인 선남은 몸속에 영양가 없는 음식을 투입하는 짓을 그만두고 남성으로서의 신체적 요구에 부응할 수 있도록 단련해야 한다. 몸에 좋은 음식을 먹고, 마약과 술을 끊으며, 일정한 운동을 하고, 물을 자주 마시며, 잘 놀고, 긴장을 완화하고, 충분한 휴식을 취해야 한다.

달리기, 수영, 중량 운동, 무술, 농구, 배구, 테니스 등으로 신체를 단련하면 강한 신체는 생활의 다른 측면에서 곧 자신감과 파워로 이어진다.

50대 초반의 변호사 트래비스가 좋은 예다. 트래비스는 결혼생활의 문제를 상담하러 나를 찾아왔다. 첫 상담에서 두 가지 점이 명백해졌다. 첫째, 트래비스는 선남이라는 점, 둘째, 마약과 알코올 중독자라는 점. 나는 그가 마약과 알코올 중독 테스트를 받고 술을 끊으며 알코올 중독자 치료단체 '알코올릭스 어노니머스(AA)'에 등록해야 치료를 해줄 수 있다고 말했다. 트래비스는 내가 내건 조건에 모두 응하면 '선남은 이제 그만' 그룹에 가입할 수 있는지 물었다.

그 뒤 몇 달 동안 트래비스와 아내의 관계는 요요처럼 좋아졌다 나빠졌다가 되풀이 되었다. 결혼생활의 문제 외에도 트래비스에게는 여러 가지 생활습관의 문제가 있다는 것이 명백해졌다. 그는 주로 햄버거 따위로 식사를 때웠다. 줄담배를 피워댔고 커피도 자주 마셨다. 근무 시간도 길고 운동은 전혀 하지 않았다.

다음 몇 달 동안 트래비스는 이상의 문제를 한 번에 하나씩 해결해 나갔다. 직장에서 시간을 내 AA 모임에 나가 같은 처지에 있는 다른 사람들과 대화를 나누기 시작했다. 여러 해 동안 미뤄 오던 수술도 받기로 했다. 그 경우 며칠 동안 담배를 못

피울 테니 이참에 아예 끊기로 결심했다. 수술이 끝난 뒤 그는 점심시간에 산책을 다니기 시작했다. 물도 많이 마시고 커피와 음료수 소비량은 줄였다. 심지어 일주일 휴가를 내 일부 친구들과 함께 알래스카로 낚시 여행을 떠났다.

선남 그룹에 가입한 지 10개월 뒤 그는 이혼을 준비 중이라고 밝혔다. 생활습관이 바뀌고 회원들의 지원을 받으면서 아내와의 불화는 자신이 떼어내야 할 마지막 악습이라는 점을 깨달았다. 그는 그런 결정을 회원들에게 알리면서 자기 아내는 선남 그룹이 결혼을 파탄냈다고 원망한다는 이야기를 했다. 트래비스는 미소 지은 다음 눈에 맺힌 눈물을 닦아냈다.

"여러분 덕분에 힘이 났습니다. 여러분의 도움이 없었다면 이런 변화는 불가능했을 거예요. 여러분은 나의 결혼을 파탄낸 것이 아니라 나의 인생을 살린 겁니다."

행동요령 26
자신의 신체를 어떤 식으로 홀대하는지 세 가지 정도 생각해 본다. 어떤 식으로 신체 관리에 좀 더 신경을 쓸 수 있을지 세 가지를 생각해 적는다.

건강한 역할 모델을 찾으면
남성다움을 되찾을 수 있다

나는 치료 중인 선남에게 건강한 남성의 모습을 상상하려면 그들이 발달시키고 싶은 건강한 남성의 특성을 생각해 보라고 권유한다. 일단 그런 그림이 머릿속에 그려지면 밖에 나가서 그런 특성을 지닌 사람을 찾을 수 있다. 그런 사람은 교회에 있을 수도 있고, 다니는 회사나 소프트볼 팀에 있을 수도 있으며 혹은 TV나 영화 속의 등장인물일 수도 있다. 그런 남자들이 인생을 어떻게 살아가고 세상과 교류하는지 관찰함으로써 선남은 건강한 남성 모델의 동화 과정을 밟아갈 수 있다.

치료 중인 많은 선남과 마찬가지로 나도 직접 그렇게 해본 경험이 있다. 남자들만의 일을 아주 잘하는 한 친구와 사귀기 시작했다. 열심히 일하는 한 근로자와도 친구가 되었다. 자기 사정을 스스럼없이 밝히고 감정을 솔직히 털어놓는 사람과도 친구가 되었다. 또 기꺼이 위험을 무릅쓰고 자신을 부단히 채찍질하는 사람과도 친구가 되었다. 이들은 모두 자기 방식대로 내게 남자다운 남자의 모습이 어떤 것인지 보여주고 나의 남성다움을 되찾는 데 필요한 역할 모델이 되어 주었다.

아버지와의 관계를 재검토하면
남성다움을 되찾을 수 있다

앞에서도 말했다시피 대다수 선남은 어린 시절 아버지의 사랑을 별로 받지 못하고 자라는 편이다. 그들의 아버지는 대체로 아이들에게 관심이 없거나 아이의 곁에 없는 경우가 많았다. 남성다움을 되찾으려면 선남은 아버지와의 관계를 검토하고 성인의 눈으로 바라볼 필요가 있다.

40대 중반의 컴퓨터 프로그래머 매슈가 좋은 예가 되겠다. '선남은 이제 그만' 그룹에서 매슈가 한번은 아버지가 돌아가시면 장례식에 참석하지 않겠다는 말을 했다. 몇 달 뒤 그룹에서 아버지와의 관계를 검토한 그는 집안 행사에 초대받지 못할 경우 아버지에게 전화를 걸어서 따지기로 결심했다.

매슈의 어머니는 늘 남편이 못된 인간이라고 한탄하면서 피해자로 자처했다. 매슈는 아버지와의 통화를 통해 그가 문제 있는 사람인 것은 틀림없지만 엄마가 말해 온 것처럼 그렇게 몹쓸 인간은 아니라는 결론에 도달했다. 그 만남으로부터 매슈는 또 자신이 아내를 상대로 똑같은 시나리오를 만들었다는 점을 깨달았다. 다시 말해 아내를 악당으로, 자신은 피해자로 설정해 놓았던 것이다. 아버지에게 건 전화 한 통을 계기로 그들 부자간의 관계뿐 아니라 부부관계까지 바꾸기 시작했다.

선남의 입장에서 아버지와의 관계를 재검토한다는 것은 아버지의 참모습을 자신의 눈으로 본다는 것을 뜻한다. 사실과 다르게 격하되거나 격상된 이미지를 똑바로 잡는 것이다. 그러려면 분노의 감정을 포함해 솔직한 감정을 아버지에게 표출하면서 원망을 해야 할지도 모른다. 이것은 설령 아버지가 이미 세상을 떠났을 경우에도 반드시 필요한 과정이다. 이 과정은 아버지의 면전에서 진행되는 경우도 있고 그렇지 않은 경우도 있다. 아버지의 참여 여부는 중요하지 않다. 반드시 필요한 것은 부자가 공유하는 남성적 전통을 내 것으로 받아들이는 것이다.

이 절차의 목적은 아버지를 좀 더 정확히 바라보는 방법을 찾자는 것이다. 치료 중인 선남은 상처받은 인간이라는 아버지의 본래 모습을 받아들일 수 있게 된다. 선남이 자신을 좀 더 정확히 바라보고 자신의 있는 모습을 그대로 받아들이고, 남성다움을 되찾으려면 이 같은 변화는 반드시 필요하다.

행동요령 28

'남성다움'을 포용하려면 아버지를 좀 더 정확히 이해해야 한다. 그 과정을 앞당기기 위해 리스트를 만든다. 왼쪽에는 아버지의 성격들을 죽 적는다. 오른쪽에는 그 반대되는 성격들을 적는다. 자신은 그 스펙트럼의 양 극단 사이에서 어디에 해당하는지 표시한다.

치료 중인 선남은 이 훈련을 통해 아버지와 자신에 관해 몰랐던 점을 발견하면서 놀라는 경우가 많다.

자신이 아버지의 단점을 부풀려 생각해 왔다는 것, 다시 말해 왜곡된 이미지를 품어 왔다는 것을 깨닫게 되는 경우가 많다.

아버지에 대한 그릇된 인식에 반발하면서 형성된 것이 자신의 현 모습이라면 그런 자신의 이미지 역시 부풀려져 왜곡됐다는 점을 깨달을 가능성이 있다. 미친 것의 반대는 여전히 미친 것이라는 점을 기억하자.

아버지에 대한 반발로 현재와 같은 인생을 살고 있다면 여전히 아버지의 틀을 벗어나지 못한 셈이라는 점을 깨닫게 된다.

굳이 아버지와 정반대의 길을 걷지 않더라도 아버지와 다른 사람이 될 수 있다는 것을 깨닫게 된다.

자신은 전에 생각했던 것보다, 혹은 인정하고 싶은 것보다 훨씬 더 아버지와 공통점이 많다는 점을 깨닫게 되는 경우가 많다.

남성다움의 장점을
차세대에 물려주기 1

아들들을 키우면서 녀석들이 자라는 환경이 선남을 양산했던 우리 세대의 환경과 비슷하다는 것을 깨달았다. 사내 녀석들이 남자 어른들로부터 떨어져 살면서 여자들의 눈치를 보며 자라고 있는 것이다.

한 2년 전쯤 우리 아들 스티브가 초등학교 4학년에 올라가던 여름 새 집으로 이사를 가면서 그 사실을 새삼 실감했다. 사친회 공개 행사가 있어서 학교에 간 적이 있는데 그때 현실을 깨닫고 깜짝 놀랐다. 유치원에서 초등학교 5학년 학급까지 학교 전체에 남자 교사라고는 단 한 명밖에 없었다. 여자 교사가 스무 배나 많았다. 체육관에서 선생님들 소개가 끝난 뒤 모두 한 자리에 서 있을 때 나는 우리 꼬마 녀석들이 일생에서 감수성이 가장 예민한 시기를 어떤 환경에서 보내든지 생생하게 알 수 있었다.

치료 중인 한 선남의 입장에서 나는 새로 정립한 남성상을 내 아들딸들뿐만 아니라 차세대 모든 소년 소녀들에게 물려줄 독특한 기회를 맞이했다. 선남들과 함께 보내는 시간이 늘수록 나는 그 같은 과정이 좀 더 건강한 남녀의 역할 모델을 차세대에게 물려주는 데 사용할 유용한 도구가 된다는 점을 깨달았다.

안타깝게도 우리 문화에는 소년이 여성이 지배하는 안락한 보육원(가정, 유치원, 학교)을 떠나 성인 남성의 세계에 입문할 수 있도록 어른들이 돕는 이렇다 할 만한 의식儀式이 없다. 로버트 블라이는 『아이언 존』에서 그런 의식의 중요성을 논했다.

'원시' 사회에서 소년은 사춘기 초기 나이 때까지 주로 여자들의 손으로 길러진다고 블라이는 그 책에서 말했다. 소년이 여성의 영역을 벗어나 남성의 세계로 들어갈 나이가 되면 그 부족 남성들이 기습극을 연출한다. 전투하러 나갈 때처럼 얼굴에 색칠을 하고 마을에 쳐들어가 소년들을 훔쳐가는 것이다. 여자들은 울면서 항의하는 시늉을 하고 소년들을 놓치지 않으려고 최선을 다한다. 남자들이 소년들을 데리고 마을 밖으로 나간 뒤 일정한 시간이 지나면 여인들은 한데 모여 잡담을 나눈다. "나 어땠어? 그럴듯했어?" 이런 문화권에서는 소년에서 성인으로의 변환 과정을 촉진하기 위해 남녀가 손을 잡는다.

요즘 소년들도 여성이 지배하는 세계로부터의 탈출을 시도하기는 하지만 혼자서는 역부족이다. 나는 사춘기 소년들이 옷을 단정하게 입지 않고 지저분하게 하고 다니며, 툭하면 시비조의 행동을 하고, 방구석에 처박혀 축 늘어지고, 음악을 큰소리로 틀어놓고, 상스러운 말을 사용하고, 침을 자주 뱉는 등의 행동을 하는 것은 모두 무의식 중에 자신을 혐오의 대상으로 만들어 심지어 엄마들마저 견디기 어렵게 만드는 것이 목적이라는 지론을 갖고 있다. 그럼에도 불구하고 이 젊은이들이 죄의식이나 수치심을 느끼지 않고 지나치게 자기 파괴적인 행동을 하지 않으면서 떳떳하게 엄마의 굴레를 벗어날 수 있도록 남자 어른들이 도와야 한다.

나는 소년들이 남성으로 살아가는 것의 의미에 대한 좀 더 건전한 모범을 찾을 수 있도록 치료 중인 선남들이 도울 수 있을 것이라고 생각한다. 왜냐하면 이 세상에는 소년들이 오직 남자 어른들로부터만 배울 수 있는 것이 있기 때문이다. 선남은 남성다움을 되찾으면서 아들들에게 진정한 남성이 된다는 것의 의미를 가르쳐 줄 수 있다. 여기에는 자신의 공격성을 다루는 방법, 성욕을 처리하는 방법, 여성을 대하는 방법, 남자와 결속하는 방법, 그리고 어쩌면 가장 중요한 것으로 자신의 남성다움을 수용하는 방법이 포함된다. 남자들은 시범 및 아이들과의 교류를 통해 그런 교훈을 가르쳐 줄 수 있다.

치료 중인 선남의 입장에서 나는 사춘기인 내 아들들과 그 친구들로부터 얻는 것도 있다. 아이들과 어울리다 보면 고삐 풀린 남성성을 인식하게 된다. 나는 녀석들에게 공격적인 행동과 성적 행동 등 혈기 왕성할 때 저지르는 행동들을 처리하는 방법을 가르치지만 녀석들은 나의 그런 행동들을 어떻게 수용하는지를 내게 보여준다.

그 같은 과정은 시간과 교호 작용을 필요로 한다. 아버지는 사냥이나 낚시에 아들을 데리고 가고, 자동차를 함께 수리하며, 아들을 직장에 데려가 구경시키고, 스포츠 팀에서 코치를 맡아 주고, 운동 경기에 데려가며, 운동을 함께 하고, 출장여행에 동행시킬 필요가 있다. 이런 모든 행위는 소년이 좀 더 원활하게 남성의 세계로 진입하는 데 도움이 된다.

이 과정은 자신의 아들에게만 해당하는 것이 아니다. 선남은 어린 친척들, 보이스카우트, 스포츠 팀, 학교 활동 등에도 관여할 수 있다.

30대 후반의 미혼남 트레이는 이 같은 남성의 영향이 얼마나 위력적인지를 잘 보여준다. 어느 날 밤 '선남은 이제 그만' 그룹에서 그는 여동생이 홀몸으로 키우는 조카 이야기를 했다. 조카는 반항심이 한창 강한 사춘기 나이여서 역시 그 시절의 비슷한 경험을 갖고 있는 트레이는 조카에게 무척 신경을 썼다. 그룹 회원들은 트레이에게 조카가 훌륭한 남자로 자랄 수 있도록 영향력을 발휘하라고 권유했다.

그 다음 주 모임에서 트레이는 환하게 웃었다. 조카와 함께 철물점에 가서 작업대를 만든 이야기를 들려주었다. 조카는 남자끼리 시간을 함께 보내면서 신이 났다. 트레이는 방황하는 어린 소년의 인생 항로를 바꾸는 데 도움이 될 무언가 긍정적인 일을 했다는 뿌듯한 느낌이 들었다.

남성다움의 장점을
차세대에 물려주기 2

계집애들도 이렇게 되찾은 남성 에너지의 덕을 볼 수 있다. '선남은 이제 그만' 그룹 회원들은 남성 에너지가 한 소녀에게 좋은 영향을 끼친 사례를 내게 보여주었다. 르마르라는 회원에게는 골육종을 앓는 열두 살짜리 딸이 있었다. 다리 하나를 절단하고 화학치료와 방사선 치료를 받아야 했다. 그래서 오랜 세월을 병상에서 누워 지냈다. 어느 금요일 저녁 르마르가 딸의 침대 옆에 앉아 있는데 갑자기 그룹 회원들이 예고 없이 들이닥쳐 그를 끌고 나가 저녁을 사주었다.

그들은 어려운 시간을 보내고 있는 르마르를 남자답게 격려했을 뿐 아니라 뜻밖의 보너스까지 안겼다. 그들의 방문에 기운을 얻은 르마르의 딸이 자리에서 일어나 회원들로부터 일일이 포옹 세례를 받은 것이다. 그날 밤 그녀는 평소보다 약을 덜 찾았고 모처럼 푹 잤다. 다음 날 그녀는 하루 종일 전날 밤 병원을 찾아온 아저씨들 이야기만 했다.

치료 중인 선남은 딸들에게 진정한 남자의 모습을 보여줄 수 있다. 소녀들은 아버지가 한계를 설정하고, 자신이 원하는 것을 분명하게 직접적으로 요구하고, 열심히 일하고, 창조하고, 생산하고, 친구들을 사귀고, 자신의 필요를 최우선으로 삼는 것을 봄으로써 이익을 얻는다. 소년의 경우와 마찬가지로 소녀들도 아버지를 지켜보고 아버지와 한데 어울림으로써 남자라는 것이 무엇인지 배울 수 있다. 이런 모델 노릇은 훗날 딸들이 자기 파트너를 고를 때 긍정적 영향을 끼칠 것이다.

모두에게 득이 되는 상황

선남이 자신의 남성 에너지를 되찾으면 모든 사람이 승자가 된다. 치료 중인 선남은 남성들과의 결속이 깊어지는 것을 느낄 뿐 아니라 이성 관계도 성장하는 것을 느끼게 된다. 아마도 가장 중요한 것은, 신세대 소년 소녀 모두가 건강한 남성의 참모습이 무엇인지 구경하는 혜택을 누린다는 점이다.

원하는 사랑을 얻자

친밀한 관계를 위한 성공전략

"아내가 비정상이라서 제가 피해를 봤습니다."

30대 중반의 성공한 비즈니스맨 칼은 아내 대니타와의 관계를 그렇게 분석하면서 첫 상담에 임했다. 185센티미터의 장신에 직업상 짙은 색의 정장 차림이었지만 소파에 앉아 있는 칼은 어린 소년 같아 보였다. 그가 아내와의 관계에서 좌절과 무력감을 느끼고 있다는 것을 한눈에 알 수 있었다.

결혼생활에 대한 칼의 이야기를 계속 들어 보니 아내 때문에 정신적으로 짓눌려 있다는 점이 분명해졌다. 그는 아내가 "늘 화가 나 있다"고 말했다. 아내에 대해 말하면서 그는 '악착같다'느니 '밀어붙인다'느니 따위의 표현을 썼다. 아내가 성질을 부리는 것이 두렵기 때문에 아내에게 거짓말을 하고 되도록 얽히지 않으려고 피한다고 했다

"여러 가지 점에서 대니타는 우리 엄마 같아요. 난 별 짓을 다해도 우리 엄마의 비위를 맞춰 줄 수가 없었어요. 그래서 엄마를 피하게 되고 나한테 잔소리를 하면 귀를 막아 버렸죠. 거짓말을 하고 엄마에게 알리고 싶지 않은 것을 감추는 데 도사가 돼버렸어요, 지금도 그 버릇이 그대로 남아 있나 봅니다."

칼은 과거의 회상에서 벗어나 이렇게 말했다.

"마누라와의 관계만 빼면 내 인생은 나무랄 데가 없어요. 대니타만 없다면 내 인생은 완벽한 거죠. 그녀는 행복하게 사는 법을 모르는 것 같아요."

친밀한 이방인들

선남이 내 사무실을 찾아오는 데는 대체로 두 가지 이유가 있다. 바람을 피우든가 인터넷 포르노에 중독되어 있든가 마리화나를 흡연하는 등 어떤 비밀스러운 행동을 하다가 들켜 아내나 애인과의 관계가 위기에 빠지는 바람에 찾아오는 경우가 가끔 있다. 그러나 그보다는 가장 친밀한 사람과의 관계에서 겪는 문제나 불만 때문에 찾아오는 경우가 많다. 예컨대 파트너가 자신이 원하는 대로 섹스 요구에 응해 주지 않거나, 우

울해 하거나, 화를 내거나, 바람을 피우거나, 또는 그 모든 것
인 경우다.

이 선남들은 대체로 문제를 한 방에 해결해 줄 간단한 비법
이 있을 것이라고 기대한다. 그 중 일부는 자신의 파트너를 격
분시킨 한 가지 원인만 막을 수 있다면 만사가 오케이 아니냐
고 생각한다. 또 그렇지 않은 사람들은 파트너가 변하기만 하
면 인생이 멋있어질 것이라고 확신한다.

> (참고사항) 나를 찾아온 사람들은 절대다수가 이성연애자다. 동성
> 연애자들의 경우에도 비슷한 문제가 발생하는 것을 본 적은 있지
> 만 내가 이 장에서 예로 드는 것은 대부분 남녀의 관계다. 선남 파
> 트너를 가리켜 '그녀'라고 지칭하는 경우가 많을 것이다.

선남은 흔히 이성 관계에서 발행하는 문제로 좌절하고 당황
하는 경우가 많다. 대다수 선남은 반려자와 친밀한 관계 속에
행복하게 살고 싶은 욕망이 있다고 말한다. 그러나 친밀한 관
계란 대다수 선남에게는 수수께끼 같은 영역이다.

여러 해 동안 수많은 선남을 관찰한 끝에 내가 내린 결론은
다음과 같다.

선남은 다른 사람과 친밀한 관계를 맺고 싶은 욕망이 있다
고 고백하지만 몸에 배인 병적 수치심과 유년기의 생존 메커니

즘이 그런 관계를 어렵게 만든다.

선남이 원하는 사람을 얻지 못하는 이유

선남이 원하는 사람을 얻지 못하는 이유가 많다. 예를 들면 다음과 같다.

- 병적 수치심
- 공동으로 만들어 가는 비정상적 관계
- 천착형 패턴과 회피형 패턴
- 유년기 관계의 재창출
- 엄마에 대한 무의식적인 일편단심
- 끝낼 줄을 모른다.

병적 수치심이 원하는 사람을 얻지 못하게 막는다

친밀하다는 것은 곧 취약하다는 뜻이다. 내가 정의하는 친밀이란 '자신을 알고, 타인에게 알려지고, 서로 아는 것'이다. 두 사람이 친밀해지려면 용감하게 안을 들여다보고 상대방에게 자신의 모습을 투명하게 공개해야 한다. 선남의 경우 병적 수치심 때문에 그 같은 노출을 위협으로 받아들인다.

친밀해지려면 속성상 선남이 자기 자신의 가장 깊은 심연을 들여다보고 또 다른 사람이 그곳을 들여다볼 수 있도록 허용해야 한다. 다른 사람이 자신의 영혼을 샅샅이 훑어볼 수 있도록 가까이 접근하는 것을 허용해야 하는 것이다. 선남은 그것이 두렵다. 알려진다는 것은 곧 들통난다는 뜻이기 때문이다. 모든 선남은 결함을 숨기려고 애쓰면서 다른 사람들의 기대에 걸맞은 사람이 되기 위해 평생을 살아왔다. 친밀해지기 위해 필요한 조건들은 모두 선남이 가장 두려워하는 것들이다.

공동으로 비정상적 관계를 만들면 원하는 사랑을 얻을 수 없다

선남은 자신이 '형편없는 사람'이라는 점을 감추려 들기 때문에 다른 사람과 친밀해지기 쉽지 않다. 선남은 어떤 사람과 인간관계가 형성되기 시작되는 순간 다른 쪽에서 그에 대해 균형을 맞추는 행동을 시작한다. 자신의 참모습이 들통날지도 모른다는 두려움을, 그렇게라도 하지 않으면 소외될 것이라는 두려움으로 뒷받침하기 위해 필사의 노력을 하는 것이다. 취약성이란 누군가가 자신에게 아주 가까이 다가와 자신이 얼마나 형편없는 인간인지 알게 될 가능성을 말한다. 선남은 다른 사람이자신의 정체를 알게 되면 상처를 입히고 망신을 주거나 곁을떠날 것이 틀림없다고 생각한다.

그렇다고 사람들과 거리를 두는 나머지 대안이 특별히 나아보이는 것도 아니다. 다른 사람들로부터의 고립을 자초하면 두렵기만 했던 어린 시절의 유기 체험이 재현되기 때문이다.

취약성의 두려움과 유기의 두려움에 대한 균형을 잡으려면다른 사람의 도움을 받아야 한다. 그런데 선남은 그 도움을 자신과 마찬가지로 상처받고 역시 타인과 쉽게 친해지지 못하는문제를 갖고 있는 사람들에게서 찾는다. 그런 두 사람이 관계를 형성하면 남에게 들통날지 모른다는 두려움으로부터 보호는 받을 수 있을지 몰라도 동시에 모든 당사자가 스트레스를받게 된다.

겉으로 보기에는 선남들이 친밀한 관계에서 체험하는 문제들이 대부분 파트너 때문에 생긴 것 같겠지만 실상은 그렇지않다. 선남과 파트너가 공동으로 만들어 가는 관계가 문제다.

선남이 종종 연구 과제처럼 보이는 여자를 파트너로 삼는것은 사실이다. 때로는 아주 엉망이 된 사람을 파트너로 고른다. 홀로 아기를 기르거나, 경제적으로 쪼들리거나, 불평불만

속에서 살거나, 알코올이나 마약에 중독되어 있거나, 우울증에 걸려 있거나, 몸이 뚱뚱하거나, 섹스를 거부하거나 또는 바람기를 주체 못하거나 등. 파트너들에게 문제가 있다는 사실이야말로 선남이 이들을 자신의 인생에 불러들이는 주된 이유다. 파트너의 결함에 신경을 쓰다 보면 자신의 병적 수치심에 신경 쓸 겨를이 없는 것이다. 이 같은 균형 맞추기 행동 때문에 선남의 경우 가장 친밀한 관계라는 것이 실은 가장 친밀하지 못한 관계일 가능성이 높다.

천착형 패턴과 회피형 패턴은
원하는 사랑을 얻는 데 방해가 된다

선남들에게서 나타나는 이 균형 맞추기 행동은 두 가지 뚜렷한 방식으로 대별된다. 첫째는 자기 자신을 비롯한 기타 외부의 이익을 희생해 가면서 친밀한 관계에 지나치게 빠져드는 것이다. 둘째는 다른 사람들과의 관계에서는 선남의 역할을 수행하면서 자신의 파트너에게는 마음을 열지 않는 것이다. 나는 첫째 유형의 선남을 천착형으로, 둘째 유형은 회피형으로 부른다.

　천착형 선남은 파트너를 감정 축으로 삼는다. 그의 세계는 그녀를 중심으로 돈다. 그에게는 일이나 친구, 취미보다 그녀가 더 중요하다. 그녀를 행복하게 하기 위해서는 무슨 일이든 마다하지 않는다. 그녀에게 선물을 주고 문제 해결을 위해 애쓰고, 늘 그녀 곁에 있을 수 있도록 스케줄을 맞춘다. 그녀의 사랑을 얻기 위해서는 자신의 욕구나 필요를 기꺼이 희생한다. 그리고 '너무 사랑한다'는 이유로 그녀의 모든 단점을 받아준다. 화를 내도, 마약이나 술에 중독돼도, 자신에게 몸과 마음을 열지 않아도 좋다고 생각한다.

나는 천착형 선남을 가리켜 애완견이라 부르기도 한다. 혹시 떨어질지 모르는 음식 부스러기를 기다리며 식탁 밑에 대기하고 있는 애완견의 꼴이다. 천착형 선남은 혹시라도 그녀가 약간의 성적 관심을 보이거나 약간의 시간을 할애해 주거나 약간의 선의를 베풀거나 또는 약간의 관심을 보일 경우를 기다리며 늘 그녀의 주위를 맴돈다. 천착형 선남은 식탁에서 떨어지는 부스러기에 만족하면서도 그런 줄은 모르고 대단한 것이라도 얻는다고 생각한다.

천착형 선남은 겉으로는 친밀한 관계를 갈구하고 또 그에 대한 준비가 돼 있는 것처럼 보일 수도 있지만 그것은 착각일 뿐이다. 선남이 파트너를 쫓아다니고 파트너에게 천착하는 행동은 감정의 호스를 파트너에게 걸어 두려는 시도에 불과하다. 이 호스는 그녀의 삶을 빨아들여 자신의 내부 빈자리를 채우는 일에 사용된다. 선남의 파트너는 또 선남이 그 호스를 걸 만큼 가까이 접근하지 못하도록 막는다. 그 결과 선남의 파트너는 종종 선남이 갈구하는 친밀한 관계를 방해하는 장본인으로 인식된다.

회피형은 다루기가 좀 더 까다롭다. 회피형 선남은 직업, 취미, 부모 및 기타 모든 것을 파트너와의 관계보다 중요시하는 것 같다. 파트너가 보기에는 자기만 빼고 다른 모든 사람에게 친절을 베푸는 경우가 많기 때문에 선남이 아닌 것으로 보일 수도 있다. 이런 유형은 다른 사람의 자동차를 고쳐 주겠다고 나설 수도 있다. 어머니 집의 지붕을 수리하느라 주말을 보내기도 한다. 두세 가지 일자리를 갖고 일하는 경우도 있다. 자식들의 스포츠 팀에서 코치를 자청하기도 한다. 파트너를 졸졸 따라다니면서 비위를 맞춰 주려고 애를 쓰지는 않을지언정 속으로 자신은 선남이기 때문에 설령 자신이 파트너에게 마음을 열지는 않더라도 그녀는 자신에게 마음의 문을 열어야 한다는 비밀 계약에 따라 행동한다.

천착형이든 회피형이든 친밀한 관계의 구축에 방해가 되는 것은 마찬가지다. 선남의 입장에서 마음은 놓일지 몰라도 사랑받는다는 느낌은 들지 않을 것이다.

익숙한 유년기의 관계를 재창출하면
원하는 사랑을 얻을 수 없다

익숙한 것에 이끌리는 것은 인간의 본성이다. 그래서 선남은
성인이 된 뒤에도 어린 시절의 비정상적 관계와 비슷한 관계를
만든다. 예로 들어보자.

어린 시절 엄마의 신세타령을 열심히 들어주던 것을 계기로
엄마와 한통속이라는 유대감을 느낀 선남은 어른이 된 뒤에도
그런 행동이 바로 친밀이라고 믿게 된다. 성인관계에서 자신의
가치를 확인하고 유대감을 느끼려면 그는 꽤나 많은 문제점을
갖고 있는 파트너를 골라야 할 것이다.

남의 도움을 필요로 하는 식구들의 뒷바라지를 하며 자란
선남은 성인관계에서도 같은 기호가 주어지기를 원한다.

자기보다 더 중요한 사람의 필요를 충족시킨 후에나 자신의 필요를 충족시킬 수 있다고 생각하는 선남은 파트너를 위해 자신을 희생할 수도 있다.

어린 시절 유기 경험이 있는 선남은 몸과 마음을 쉽게 열지 않거나 부정한 여자를 파트너로 고를 가능성이 있다.

화를 잘 내고 군림하는 부모 밑에서 자란 선남은 그와 비슷한 성격의 파트너를 고를 가능성이 있다.

간혹 선남이 유년기의 관계 패턴을 재창조하기 위해 선택한 파트너가 초기에는 자신이 필요로 하는 스타일이 아닌 경우도 있다. 그런 경우 그녀를 자신이 필요로 하는 사람으로 만들기 위해 공을 들인다. 그녀에게 자기 부모의 성격을 투영하려 든다. 사실 여부를 떠나 그녀가 어떤 특정한 상태일 것이라고 상상한다. 그가 무의식적으로 취하는 그런 비정상적인 행동들 때문에 파트너도 마찬가지로 비정상적으로 반응하게 마련이다.

예컨대 어린 시절 나는 집에 돌아오면 아버지의 기분 상태가 어떨지 몰랐다. 대체로 좋지 않은 경우가 많았다. 그래서 집에 들어갈 때 늘 최악의 사태를 각오했다. 결혼한 뒤에도 그런 패턴을 답습했다. 예상할 수 없는 아버지의 기분 상태를 아내에게 겹쳐 놓고 그녀가 화를 낼 경우에 대한 각오를 다진 상태로 귀가하고는 했다. 그러다 보니 아내가 기분이 좋은 상태인

데도 나는 방어적 자세를 취함으로써 우리 두 사람 사이에 어색한 긴장감이 감돌기 일쑤였다. 이처럼 엘리자베스는 나의 성난 아버지를 닮게 됐고, 나는 비정상적이지만 내게는 익숙한 관계를 구축해 갔다.

행동요령 31
사람들은 자기 부모의 가장 나쁜 성격을 일부 닮은 사람들에게 이끌리는 경향이 있다. 당신이 무의식 중에 그런 사람을 파트너로 골랐다고 해서 그녀를 나무랄 일이 아니라, 어린 시절의 익숙한 관계 패턴을 재창조하는 과정에서 그녀가 어떤 역할을 하는지 파악한다. 그 결과를 파트너와 함께 공유한다.

엄마에 대한 일편단심이
원하는 사랑을 얻지 못하게 막는다

선남은 엄마만을 충실하게 사랑하는 경향이 있어서 이것이 훗날 성인 파트너와 친밀한 관계를 구축하는 데 심각한 장애가 된다. 선남은 그런 어린 시절의 유대관계를 유지할 방안을 찾아내는 데 신통한 능력을 발휘한다. 그런 모든 행동의 공통점

은 선남이 자기 엄마 외의 다른 여자와는 진정한 관계다운 관
계를 맺지 못하게 방해한다는 점이다.

행동요령 32

선남은 다음과 같은 방법을 통해 무의식 중에 엄마에 대
한 일편단심을 유지한다. 이 리스트를 훑어보라. 자신과
관계 있는 해당사항에 유의한다. 이 정보를 안전한 사람
과 공유한다.

- 일이나 취미에 지나치게 탐닉
- 뭔가 이상이 있는 사람들과의 관계 창출
- 마약이나 알코올 중독
- 포르노, 자위, 환상, 채팅룸, 윤락행위 등의 성적 중독
- 불륜
- 성기능 이상, 성욕 부진, 발기부전, 조루
- 신경질을 잘 내고, 아프고, 우울증이 있고, 강박관념이
  있고, 중독 증세가 있고, 바람을 피우고, 마음을 쉽게
  열지 않는 그런 여인들과의 관계 형성
- 성교 회피, 또는 독신 서약

청산을 못하는 사람은
원하는 사랑을 얻을 수 없다

마지막으로 선남이 원하는 사랑을 쉽게 얻지 못하는 이유는 제대로 되지 않는 관계에 매달려 너무 많은 시간을 보내기 때문이다. 기본적으로 선남은 엉뚱한 곳에서 사랑을 찾는다는 아주 고전적인 문제의 피해자다. 빨리 끝내야 할 관계에 갇혀 모든 시간을 허비한다면 제대로 될 수 있는 관계를 찾아내지 못할 것은 뻔한 이치다.

건강한 사람들은 두 사람 사이의 관계가 좋은 조합이 아니라는 판단이 서거나, 또는 자신이 고른 파트너가 원하는 기본 자질을 갖추고 있지 못하다는 판단이 설 때 그것을 제치고 앞으로 나아간다. 선남은 그렇게 하지 못한다. 선남은 태생적으로 안 되게 돼 있는 상황을 되게 해보려고, 또는 어떤 사람을 결코 될 수 없는 사람으로 바꿔 보려고 더욱 기를 쓴다. 그래서 관련된 사람 모두가 피곤해진다.

선남은 관계를 청산할 때도 제대로 하는 법이 없다. 적기를 놓치고 늦게 하거나, 간접적으로 책망하는 방식을 택하거나, 혹은 속이는 방법을 쓴다. 그래서 단번에 끝내는 법이 없고 몇 차례씩 되풀이하게 마련이다. 나는 선남이 관계를 청산하려면 평균 아홉 번의 시도가 필요하다는 농담을 한다(안타깝게도 진실에 가깝다).

성공하는 관계를 구축하기 위한 작전

완벽한 관계란 있을 수 없다. 완벽한 파트너 역시 있을 수 없다. 남녀관계란 본디 혼란스럽고 파란 많고 골치 아프게 마련이다. 이 장의 후반부에 소개되는 것은 완벽한 파트너를 만나거나 완벽한 관계를 창조하는 계획이 아니라 단순히 효과가 입증된 작전일 뿐이다. 아래에 나온 요점들을 응용하고 세상 살아가는 방식을 바꿈으로써 치료 중인 선남은 대인관계의 변화를 기대할 수 있을 것이다. 선남은 다음과 같이 해야 한다.

- 자신을 승인한다.
- 자신을 우선시한다.
- 안전한 사람에게 자신의 솔직한 모습을 보여준다.
- 비밀 계약을 파기한다.
- 자신의 필요 충족은 자신이 책임진다.
- 포기한다.
- 현실에 안주한다.
- 감정을 표현한다.
- 성실성을 개발한다.
- 한계를 설정한다.
- 자신의 남성다운 점을 인정한다.

앞장들에서는 선남이 이처럼 생활의 변화를 일으키기 시작할 때 인간관계에 어떤 변화가 일어나는지 실례를 들어 설명했다. 인생 작전 몇 가지를 응용함으로써 치료 중인 선남이 어떻게 원하는 사랑을 얻을 수 있는지 좀 더 구체적으로 알아보자.

경고

이 책에 나와 있는 치료 프로그램은 현재 이성 관계를 맺고 있는 선남과 그의 파트너에게 심대한 영향을 미칠 수 있다. 다음 두 가지 중 하나가 예상된다.

1) 현 관계가 예측 못할 방향으로 신나게 성장, 발전하기 시작한다.
2) 진작 끝냈어야 옳을 현 관계가 뒤늦게나마 청산된다.

자신을 승인하는 법을 배우면
원하는 사람을 얻을 수 있다

선남 신드롬 치료법의 핵심은 자기 인생은 자기 뜻대로 살겠다고 의도적으로 결심하는 것이다. 나는 치료 중인 선남에게 아무 거리낌 없이 있는 모습 그대로 살아가라고 권유한다.

나는 그들이 자신에게 올바른 것이 무엇인지 결정한 다음 세상 사람이 모두 볼 수 있도록 온 힘을 다해 밀고 나가라고 말한다. 그들의 그 모습 그대로를 좋아하는 사람은 주변에 남을 것이고, 싫어하는 사람은 떠날 것이다. 그것만이 건강한 관계를 구축하는 유일한 방법이다. 자신을 사랑해 주거나 곁에 머물러 줄 그 누군가를 얻기 위해 거짓으로 살거나 자신의 참모습을 감추기를 진정으로 바라는 사람은 세상에 없을 것이다. 그럼에도 불구하고 선남의 대인관계에서는 그런 일이 비일비재하다.

조지는 선남이 파트너의 비위 맞추기를 중단하고 자신에게 관심을 돌릴 때 어떤 일이 일어나는지를 보여주는 좋은 예다. 아내 수전과의 관계에서 조지의 우선 목표는 그녀를 행복하게 만드는 것이었다. 5년 동안 그렇게 즐기던 사냥과 낚시의 양대 취미를 끊고, 친구들과도 더 이상 어울리지 않았으며, 돈 문제의 주도권을 아내에게 넘기고, 그녀가 직장 다니기 싫어서 그만두겠다고 했을 때도 군말 없이 동의했다. 이런 변화들은 하나하나씩 천천히 이뤄진 것이었다. 모두가 조지의 입장에서는 수전의 비위를 맞추기 위한 것이었다.

그럼에도 불구하고 수전은 그다지 행복한 표정을 짓지 않았다. '선남은 이제 그만' 그룹에 들어올 무렵의 조지는 무기력하고 적개심을 품고 있었으며 아내와 갈라설 준비가 돼 있었다. 그는 좌절감의 원인이 아내라고 생각했다. 그룹에 들어온 뒤 처음 몇 주 동안 그는 아내에 대한 불평만 늘어놓았다. 그룹 회원들은 마침내 자신이 피해자라는 생각만 하는 그에게 문제가 있는 것 아니냐고 따지면서 아내만 욕하지 말고 한번 방법을 바꿔보라고 말했다.

비록 몇 달이 걸리기는 했지만 조지는 변하기 시작했다. 가장 큰 변화는 수전을 행복하게 만들겠다는 노력을 의도적으로 포기한 것이다. 그녀의 비위를 맞추려는 시도들은 소용도 없을뿐 아니라 오히려 자신의 적개심만 키운다는 것을 깨달았기 때문이다.

조지는 우선 한 달에 한 주는 사냥이나 낚시를 가는 데 할애하는 방법으로 시작했다. 수전이 몇 차례 방법을 바꿔가면서 그가 취미생활을 못하게, 또는 미안한 마음이 들게 하려고 꾀를 부렸지만 그는 꿋꿋이 버텼다. 다음으로 월급봉투를 통째로 수전에게 넘겨주지 않고 자신이 원하는 만큼 용돈을 떼어냈다. 이 방법 역시 아내의 저항에 부닥쳤다. 조지로서는 예산을 짠 다음 수전에게 살림의 주도권을 원한다면 직장에 다시 나가는 것이 좋을 것이라고 말할 때가 아마 속으로 가장 겁나는 단계였을 것이다.

아이로니컬하게도 두 가지 변화가 일어나기 시작했다. 조지는 피해자 의식이 사라지면서 수전에 대해 좀 더 긍정적인 감정이 솟는 것을 느꼈다. 둘째로, 수전은 자신의 앞가림을 하면서 조지에게 덜 의존하게 되었다. 모임에 나온 지 1년쯤 지나 조지는 전보다 훨씬 만족스럽게 살고 있으며 결혼생활도 훨씬 나아졌다고 공개했다. 그는 수전을 행복하게 해주려고 애쓰지 말고 대신 자기 자신에게나 신경을 쓰는 게 어떻겠느냐고 제의한 동료들에게 그 공을 돌렸다.

행동요령 33

당신은 어떤 식으로 파트너의 비위를 맞추기 위해 애쓰는지 목록을 만든다. 그녀를 행복하게 만들어 주기 위해 애쓸 필요가 없다면 그 중 어떤 행동을 바꾸고 싶은가?

한계를 설정하면
원하는 사랑을 얻을 수 있다

한계의 문제는 제5장에서 이미 논한 바 있다. 한계 설정은 선남의 이성 관계에서 가장 중요한 의미를 지닌다. 파트너들과의 관계에 건강한 한계를 설정해 놓은 상황에서는 그들이 안심하고 서로 취약한 모습을 노출시키고 진정한 친밀함을 경험할 수 있다.

나는 종종 선남들에게 파트너들이 지켜보는 앞에서 한계를 설정하는 법을 보여준다. 그 시범 도중에 선남의 파트너가 박수를 친 경우가 여러 차례 있었다. 그러면 선남은 입을 떡 벌린 채 돌아서서 묻는다.

"내가 당신 말에 반대하고 나서도 좋단 말이야?"

"당연하죠. 나한테 무시당하고도 아무 말 못하는 사람과 결혼생활을 하고픈 생각은 없어요."

여자의 대답은 그렇게 나온다.

그쯤에서 내가 경고한다.

"당신의 아내는 지금 진실을 말하는 겁니다. 당신을 마음대로 해도 아무 일 없다면 마음이 놓이지 않을 테죠. 그래서 당신이 맞서기를 바라는 거죠. 그래야 두 분 관계에서 안심을 하게 됩니다. 그런데 한 가지 함정이 있어요. 아내가 당신을 믿어도 되는지 먼저 테스트를 해야 합니다. 당신이 아내와의 관계에 한계를 설정하면 처음에는 아내가 강렬하게 반응하며 저항할 거예요. 그렇게 한계를 설정한 당신이 틀렸다고 말할 겁니다. 당신의 한계가 진심인지 알아내기 위해 최선을 다할 겁니다."

치료 중인 선남이 파트너와의 관계에 한계를 설정하면 그녀는 안도감을 느끼게 된다. 일반적으로 여성은 안도감을 느낄 때 사랑받는다고 생각을 한다. 또 파트너가 자신에게 맞설 경우, 이런 사람이라면 다른 사람들 앞에서 자신을 편들어 줄 수도 있겠다고 생각하게 된다. 한계를 설정하면 존경심도 생긴다. 선남이 한계를 설정하지 못하는 것은 곧 파트너에게 자기 스스로 존중하는 마음이 없다고 말하는 것이나 마찬가지다. 그러니 그녀가 그를 존중해 줄 필요는 더더욱 없다.

선남이 어떤 특정한 행동에 한계를 설정할 필요가 있는지의 여부를 결정하도록 돕기 위해 나는 두 번째 데이트 법칙을 적용하라고 말한다. 선남은 두 번째 데이트 법칙을 이용해 "이 행동이 두 번째 데이트에서 일어났다면 내가 세 번째 데이트를 했을까?"라고 자문한다. 이 질문은 그들이 참아서는 안 될 그 무엇을 억지로 참고 있었는지를 알아내는 데 유용하다.

받아들이지 못하겠다는 결론이 난 행동의 처리 여부를 고심하는 다음과 같은 간단한 질문을 던지면 된다.

'건강한 남성이라면 과연 이 상황을 어떻게 처리할 것인가?'

그 질문을 던지는 것만으로도 그들은 직관적 지혜를 얻고 적절하게 반응할 수 있다.

필요할 때 아무 때나 한계를 설정할 수 있다는 사실을 선남이 깨닫게 되면 다른 사람들이 자신에게 가까이 다가오는 것, 자신에게 감정을 품는 것, 성적으로 접근하는 것을 허용하게 된다. 불편하다는 생각이 들면 아무 때라도 거절하거나 중단시킬 수 있다는 것을 잘 알기 때문에 그런 일이 일어나도 내버려 둘 수 있다. 자신을 돌보기 위해 필요한 무슨 일이든 할 수 있게 되는 것이다.

행동요령 34

개인적 인간관계에서 적당한 한계 설정을 꺼리는 측면이
있는가? 당신은 다음 사항에 해당하는가?

• 용인해서는 안 될 행동을 용인한다.
• 다른 사람과의 마찰이 두려워 어떤 상황의 처리를 기
  피한다.
• 원하는 것을 요구하지 않는다.
• 평화 유지를 위해 자신을 희생한다.

만일 그런 상황에 두 번째 데이트 법칙이나 건강한 남성
법칙을 적용했다면 당신의 행동은 어떻게 변했겠는가?

행복하고 건강한 관계를 위한 추가 작전

앞서 소개된 치료 프로그램에 더하여 선남이 원하는 사랑을 얻
을 수 있도록 도와주는 몇 가지 추가 작전이 있다.

• 파트너에게 관심을 두는 것이 아니라 관계에 관심을 둔다.
• 바람직하지 못한 행동에 힘을 실어 주지 않는다.
• 색다른 것을 한다.

> **행동요령 35**
>
> 다음에 파트너 때문에 좌절감을 느끼거나 화가 날 경우
> 이런 질문을 던진다.
> "내가 왜 이 사람을 내 인생에 초대했을까?"
> "나는 이 상황에서 무엇을 배울 필요가 있는가?"
> "내가 만일 현 상황을 선물로 해석한다면 생각이 어떻게
> 바뀔 것인가?"

파트너가 아니라 관계에 초점을 맞추면
원하는 사랑을 얻을 수 있다

동병상련同病相憐이라고, 상처받은 사람은 상처받은 사람에게
이끌린다. 선남은 여자를 사귈 때 자기보다 더욱 비정상적으로
보이는 사람을 고르는 경향이 있다. 그러면서 자신은 그래도
좀 나은 편이라는 착각을 한다. 이것은 잘못된 생각이다. 왜냐
하면 건강한 사람은 건강하지 않은 사람에게 끌리지 않는 법이
니 말이다. 나는 커플들에게 두 사람 중 한 사람이 상처를 안고
있다면 실은 두 사람 모두 상처를 안고 있는 것이라고 말한다.
여기에는 예외가 없다.
　내가 지금의 아내인 엘리자베스를 처음 만나 구축한 관계에

서 그녀는 상처받은 인간 역을 맡고 나는 건강한 인간 역을 맡았다. 그녀가 정신 상담을 받으러 다니기 전에는 우리가 그 시나리오대로 잘 지냈다. 어느 날 그녀는 상담을 마치고 집에 와서는 나 역시 자기 못지않게 비정상이라는 점을 발견했다고 선언했다. 내가 '비정상'이라는 것은 상상할 수도 없었기에 나는 이렇게 대꾸했다.

"그게 아니라 당신도 나처럼 아주 정상이라는 것을 깨달은 거야."

우리 부부가 만들어 낸 관계에서 우리는 익숙한, 그러나 정상은 아닌 역할을 수행했다. 불행하게도 엘리자베스가 그런 상태에 이의를 제기하기 전에는 우리 부부가 진심으로 친밀한 관계를 맺지 못했다. 나는 우리 부부와 비슷한 관계를 형성하고 있는 수많은 선남들의 이야기를 들었다. 그들은 모두 '비정상적인' 파트너 때문에 피해를 보고 있다고 생각한다. 그런 착각 때문에 되풀이되는 비효율적 패턴 속에 갇혀 빠져 나오지 못하는 것이다.

치료 중인 선남은 파트너 대신 관계에 초점을 맞춤으로써 어린 시절의 유기, 소홀, 학대 등의 체험을 다시 떠올리는 데 파트너를 이용할 수 있다. 그리고 그 정보를 이용해 어쩌다가 자신들 같은 관계가 만들어졌는지를 좀 더 잘 이해할 수 있다. 친밀한 관계에서 원하는 것을 얻을 수 있도록 변화를 일으키려면 반드시 그 과정을 거쳐야 한다.

치료 중인 선남은 "그녀가 ……만 한다면"이라고 말하지 말고 대신 다음과 같은 질문을 던져야 한다.

'내가 뭣 때문에 둘이서 이런 관계를 만들었을까?'

'이 관계에서 나는 어쩌다가 익숙한 역할을 맡게 되었는가?'

'이 관계에서 나는 어쩌다가 무의식의 필요를 충족하게 되었는가?'

'나는 왜 이 사람을 내 인생에 초대했는가?'

치료 중인 선남은 그런 질문들을 던지면서 자신의 다른 진지한 일면이 신드롬 치료에 도움이 된다는 것을 깨닫기 시작한다. 그것은 파트너를 바라보는 시각을 바꿔 줄 뿐 아니라 진정으로 친밀한 관계를 구축하는 데 장애가 됐던 어린 시절의 문제들을 제대로 극복할 수 있게 해준다.

나는 이 장 맨 앞부분에서 칼을 소개했다. 그의 아내 대니타는 차갑고 잔소리가 많았던 그의 엄마처럼 비위를 맞추기가 매우 까다로운 사람인 것 같았다. 칼은 엄마가 언제 화를 낼지, 트집을 잡을지, 또는 망신을 줄지 몰랐다. 칼은 성인이 된 뒤 대니타를 통해 비슷한 상황을 연출했다. 그녀가 화를 내면 도망치든가 움츠러들던가 하는 유년기의 모든 생존 메커니즘을 동원했다. 칼은 대니타가 "24시간 화가 나 있다"면서 그녀의 비위를 건드리지 않기 위해 마치 계란 위를 걷듯 조심조심 행동한다고 말했다. 칼은 혼잣말로 "억울하다"고 중얼거리곤 했다. 그런 다음 방구석에 틀어박혀 머릿속에 들어 있는 도피 시나리오를 창조했다.

칼이 대니타에 대한 인식을 바꾸면서 그들의 관계에도 변화가 오기 시작했다. 대니타야말로 화난 사람이나 잔소리하는 사람을 무서워하던 오랜 고질을 정리하는 데 도움을 얻기 위해 자신의 인생에 초대한 '선물'이라는 쪽으로 생각을 바꾼 것이다.

칼의 인식전환과 함께 몇 가지 변화가 일어나기 시작했다. 그는 어린 시절의 체험에 대해 연민의 정을 느끼기 시작했다. 피하고 움츠리던 대신 이제 대니타에게 당당하게 맞섰다. 대니타가 화를 내는 것도 다 어린 시절의 상처 때문이라고 생각하자 화를 내는 모습이 전처럼 사납게만 보이지도 않았다. 부인에 대한 생각이 바뀌면서 그녀가 새삼 사랑스러워 보이기 시작했고 두 사람의 관계는 눈에 뜨일 정도로 좋아지기 시작했다.

바람직하지 못한 행동에
힘을 실어주면 원하는 사랑을 얻을 수 없다

2년 전쯤 우리 부부는 독일산 바이마라너 강아지 한 마리를 샀다. 집에서 큰 개를 키우려면 사람 말을 잘 듣도록 애견훈련소에 보내는 것이 좋겠다는 생각이 들었다. 우리가 배운 첫째 교훈은 정작 그런 복종훈련이 필요한 것은 우리 부부라는 점이었다. 개가 버릇이 나쁜 것은 그 주인이 개에 대해 아는 것이 없거나 일관성 없는 태도를 보이기 때문이라는 것을 알게 된 것이다.

여러 가지 점에서 사람도 애완견과 크게 다르지 않다. 사람은 흔히 배운 대로 행동한다. 예컨대 개가 카펫에 실례를 할 때마다 먹이를 주는 버릇을 들이면 개는 계속 카펫에다 소변을 볼 것이다. 사람의 경우도 마찬가지다. 선남이 파트너의 바람직하지 못한 행동에 힘을 실어 주게 되면 그녀는 바람직하지 못한 행동을 계속할 것이다.

선남들이 봉착한 아이러니는 이렇다. 선남은 골치 아픈 일이 없는 순탄한 삶을 원한다. 전형적으로 파트너가 불행하고 우울하고 화가 나 있거나 문제에 봉착하면 그 한가운데에 뛰어 들어 해결사를 자처한다. 그렇게 함으로써 문제가 사라지고 모든 것이 금세 정상으로 돌아올 것이라고 생각한다. 불행하게도 이것은 카펫에 실례를 한 개에게 상으로 간식거리를 주는 것이나 마찬가지다.

원치 않는 행동에 대해 일일이 반응하거나 관심을 쏟는 것은 사실상 그 행동을 조장하는 것이다. 그처럼 힘을 실어 주게 되면 그런 행동이 되풀이 될 가능성이 높아진다. 예컨대

조의 아내는 직장에서 동료와 다투다가 화가 난 채 퇴근한 뒤 집에 와서는 아무 말 없이 앉아 있는 일이 잦았다. 아내가 그런 상태가 되면 조는 늘 신경이 쓰였다. 그래서 무슨 일이 있었느냐고 묻고는 했다. 살살 달래주면 그녀는 무려 두 시간이 넘게 조에게 직장에서 억울한 일을 당했다고 구시렁대는 것이었다. 조는 행여 그녀의 기분이 좀 나아질까 하는 희망에서 그녀의 말을 들어준 다음 도움이 될 만한 조언을 하고는 했다.

우선 당장 문제를 해결하려는 조의 노력이 실은 문제를 만성적으로 키우는 결과만 낳았다. 아내에게 이유를 묻고 몇 시간씩 푸념을 들어주고 충고를 하던 행동들을 통해 조는 사실상 바람직하지 않은 행동 패턴을 강화하고 있었던 것이다.

애견훈련소에서는 어떤 바람직하지 않은 행동을 없애고 싶으면 거기에 관심을 보이지 말라고 가르친다. 인간관계에서도 마찬가지다.

다른 많은 선남과 마찬가지로 조는 아내의 행동 때문에 피해를 당하는 기분을 느꼈다. 바람직하지 않다고 생각하는 행동이 한없이 계속되도록 조장한 잘못이 막상 자신에게 있다는 점은 까맣게 모르고 있었다. '선남은 이제 그만' 그룹의 회원들로부터 그 점을 지적받은 그는 뭔가 다르게 해보기로 마음먹었다.

다음에 아내가 퇴근 후 뚱하게 앉아 있을 때 그는 아무 말도 하지 않았다. 말없이 저녁을 먹고 차고로 갔다. 속으로는 몹시 불안했지만 아내의 문제를 '해결'하고픈 충동을 억제했다. 그날 밤 침대에 누운 그는 바늘 떨어지는 소리도 들릴 것 같은 무거운 정적 때문에 몇 시간 동안 잠을 이루지 못했다. 정적은 다음 날 아침에도 계속되었다. 조는 계속 이런 식으로 나가면 어쩌나, 속으로 걱정이 되었다. 불안감을 좀 덜기 위해 몇 마디 말을 붙여봤다. 아내는 단 한마디의 대답만 하고는 출근길에 나섰다.

그날 저녁에는 마치 기적이라도 일어난 것 같았다. 아내가 즐거운 표정으로 퇴근하더니 그에게 산책이나 다녀오자고 말했다. 함께 걷는 동안 그녀는 전날의 문제를 어떻게 해결했는지 설명했다. 조는 전날 그녀의 문제를 모르는 체하느라고 너무 불안했었다고 털어놓았다. 그녀는 조가 나서서 문제를 해결해 주는 것은 원치 않으며 오히려 내버려두는 바람에 자신이 스스로 문제를 해결할 방안을 생각할 수 있어서 더 좋았다고 말했다.

새 관계를 시작할 때
색다른 시도를 하면 원하는 사람을 얻을 수 있다

현재 관계가 정리되어 가는 중이거나 사귀는 사람이 없는 선남에게 나는 새 사람을 사귈 때는 다른 각도에서 접근하라고 권유한다. 이성 관계란 원래 골치 아프게 마련이며 모든 장애물을 제거할 방도가 없지만 그렇다고 일부러 그것을 더욱 어렵게 만들 필요는 없다. 나는 선남들에게 무의식적이고 비정상적인 목표 대신 건강한 목표를 설정하고 관계를 시작하라고 권유한다.

뭔가 색다른 일을 한다는 것은 색다른 파트너를 고른다는 것을 뜻한다. 자동차를 수리하는 일이라면 얼른 문제를 해결해주는 사람이 제격일지도 모르지만 그런 식으로 파트너를 선택해서는 곤란하다. 선남은 기본적으로 불안정한 사람이기 때문에 약간의 손질이 필요해 보이는 사람을 파트너로 고르는 경향이 있다. 건강한 사람이나 독립적인 사람이 자신을 원할 이유는 없다고 생각하기 때문에 덜 다듬어진 사람으로 만족한다. 어린 시절을 순탄하게 보내지 못했거나, 성 학대를 받았거나, 일련의 나쁜 인간관계를 체험했거나, 돈 문제가 있거나, 몸이 뚱뚱하거나, 혼자서 자녀를 키우며 힘겹게 살아가는 사람을 파트너로 고르는 경향이 있다. 그런 다음 그녀가 진흙 속에 숨겨진 진주라는 희망을 품고, 고쳐 주고, 돌봐 주고, 비위를 맞춰주는 비밀 계약을 실천하기 시작한다. 그러나 불행하게도 이 작전은 잘 통하지 않는다.

치료 중인 선남이 고쳐 줄 사항이 아무것도 없는 사람과 관계를 맺기 시작하면 물론 원하는 사랑을 얻을 가능성이 높아진다. 그렇다고 이미 자신의 인생에 대한 책임을 지고 잘 살아가는 완벽한 파트너를 찾으라는 말은 아니다. '선남은 이제 그만' 그룹 회원들은 새로운 사람과 관계를 맺을 때 의식적으로 고려해야 할 특성을 다음과 같이 들었다(무순).

- 정열
- 성실성
- 행복
- 지성
- 성적 적극성
- 금전적 책임감
- 자아 계발의 의지

이미 새로운 관계를 시작한 선남은 현 파트너가 위의 기준에 잘 맞지 않을 경우(특히 평가 주체가 선남 자신일 경우) 불안한 마음이 들 수도 있다. 그렇다고 해서 그 관계를 때려치우고 새 사람을 찾아 나설 필요는 없다. 대신, 나는 그런 사람들에게 자신의 행동들을 먼저 반성하고 현 파트너와의 관계 같은 것이 왜 필요했는지 그 이유를 잘 생각해 보라고 권유한다.

만일 선남에게 그런 관계가 여전히 필요하다면 새 파트너를 구하는 것은 해결책이 아니다. 치료 중인 선남이 비정상적 패턴을 수정하기 시작하면 그들의 관계도 덩달아 바뀐다는 것을 나는 알아냈다.

선남은 매사를 '똑바로' 하려는 강박관념을 갖고 있다. 위의 리스트는 마법의 묘약이 아니다. 세상에는 완벽한 사람도 없고 완벽한 관계도 없다. 그러나 예비 파트너에게서 위에 열거된 특성들을 의식적으로 찾음으로써 선남은 많은 고통을 줄이고 찾는 사람을 실제로 찾아낼 가능성을 높일 수 있다.

뭔가 다른 일을 하려면 또 새 사람과의 관계를 섹스 위주로 몰고 가지 말아야 한다. 선남은 파트너의 진면목을 알게 될 때까지 잠자리를 함께 하지 않음으로써 위에 열거된 특성들을 정확하게 평가할 기회를 가져야 한다. 두 사람 사이에 일단 성관계가 시작되면 그런 평가의 기회는 사라지게 된다. 섹스는 워낙 강력한 접착력을 갖고 있어서 성관계를 맺는 사이에서는 새 파트너가 적당한 사람인지 정확하게 판단하기가 매우 어렵다. 선남은 새 파트너에게서 받아들이기 곤란한 행동이나 성격을 발견할 수도 있지만 이미 침대를 함께 쓰는 사이가 됐다면 그 문제를 제대로 처리하기가 곤란하다. 관계를 끝내기란 더더욱 어렵다.

도전을 수용하라

치료 중인 선남은 충만하고 친밀한 관계를 맺을 수 있다. 인생
은 도전이며 그것은 남녀관계도 마찬가지다. 선남은 이 책에
소개된 작전들을 이행하면서 그런 도전을 받아들이고 자신이
원하는 사랑을 얻는 위치에 설 수 있다.

원하는 섹스를 하라

만족스러운 성생활을 위한 성공전략

원하는 섹스를 하라

이 책에서 선남에 대해 말한 모든 것을 손으로 집어 들자. 수치심, 자기희생, 눈치 보기, 소용없는 짓만 골라하기, 에둘러 말하기, 뒷바라지, 비밀 계약, 권위적 행동, 두려움, 부정직, 받을 줄 모르는 것, 원만하지 못한 인간관계, 남성적 에너지의 상실 등등. 이제 그 모든 것을 커다란 통 속에 넣고 마구 흔든 다음 뚜껑을 열고 안을 들여다보라. 그러면 선남의 성생활의 실상을 알 수 있다.

선남의 경우 섹스란 유기 체험과 병적 수치심, 그리고 통하지 않는 생존 메커니즘이 한데 모여 증폭되는 곳이다. 내가 만나 본 선남들은 모두 성생활에 중대한 문제가 있었다고 말해도 무리가 아닐 것 같다. 그 문제들은 여러 가지 형태로 표출되지만 가장 공통적인 것은 다음과 같다.

충분치 못하다. 이것이야말로 단연코 선남이 성생활에서 보편적으로 겪는 최대 고민이었다. 이 문제는 섹스를 기피하는 파트너(또는 대체로 여자를 구하지 못한다는 것)의 문제로 집약된다.

불만스러운 섹스로 그쳐야 한다. 선남은 흔히 만족스럽지 않은 섹스나마 그래도 하는 것이 전혀 하지 않는 것보다는 낫다는 생각에서 참고 견딘다. 이 경우에도 잘못은 대체로 파트너에게 돌린다.

성기능 장애. 일반적으로 발기부전이나 조루의 형태를 띤다.

성욕 억압. 일부 선남은 섹스에 관심이 별로 없거나 아예 없다고 말한다. 그렇게 말하는 사람이 실은 비밀리에 어떤 형태의 성생활을 즐기는 경우가 많다.

강박적 성 행동. 성적 욕구가 너무 강하여 하지 않고는 못배기는 성 행동 중에는 자위, 포르노 중독, 불륜, 스트립쇼 관람, 폰섹스, 사이버섹스, 윤락행위 등이 있다.

이런 요인들을 모두 합치면 성생활이 결코 활발하지 못한, 또는 만족스러운 성생활을 하지 못하는 남성의 모습이 나온다. 대다수 선남은 이 문제의 요인을 외부에서 찾는 경향이 있지만 진실은 오히려 그 반대에 가까울 것이다. 성생활을 불만족스럽게 만드는 장본인은 바로 선남들 그 자신인 것이다.

수치심과 두려움

선남이 성생활에 어려움을 겪는 것은 수치심과 두려움이라는 두 가지 요인 때문이다. 모든 선남은 성욕을 느끼는 성적 존재라는 사실을 부끄러워하고 두려워한다. 내가 경험한 바로는 아마도 그것이야말로 선남이 자기 자신에 대해 이해하고 받아들이기가 가장 어려운 관념일 것이다. 이것은 워낙 중요한 문제라서 다시 한 번 말하겠다. 모든 선남은 자신이 성욕을 느끼는 성적 존재라는 사실을 부끄러워하고 두려워한다.

선남의 뇌 껍질을 벗기고 섹스를 관장하는 무의식의 부위를 찾아보면 다음과 같은 것들이 들어 있을 것이다.

- 자신이 나쁜 사람이라는 인식을 심어 준 유년기 체험의 기억들
- 필요를 제때 제대로 충족하지 못한 데 따르는 고통
- 성적으로 문제가 있는 부모 밑에서 자란 영향
- 비뚤어진 사회의 성적 왜곡과 망상
- 필요한 시점에서 섹스에 관한 정확한 정보를 얻지 못한 점
- 오랜 세월 교회의 영향에 따른 성에 대한 죄의식과 수치심
- 어머니가 만들어 놓은 은밀한 성적 굴레의 영향
- 성폭력의 후유증

- 비밀에 싸인 어린 시절 성 체험의 기억
- 포르노에 등장하는 신체와 섹스에 대한 왜곡되고 비현실적인 이미지
- 숨겨진 강박적 행동에 대한 수치심
- 과거에 실패하거나 거절당한 성 경험의 추억

선남은 성욕을 느끼거나 성교를 할 수 있는 상황에 처할 때 이 같은 무의식의 인습을 헤쳐 나가야 한다. 선남은 성적 수치심과 두려움을 회피하거나 정신을 다른 데로 돌릴 갖가지 방법을 찾아낸다. 안타깝게도 그런 회피와 정신 산만의 메커니즘 때문에 선남은 훌륭한 성생활 비슷한 것에는 접근을 못하게 된다. 그 같은 회피와 정신 산만의 메커니즘에는 다음과 같은 것들이 있다.

- 섹스와 관련되는 상황이나 기회를 피하기
- 훌륭한 애인이 되려고 애쓰기
- 강박적 성 행동 감추기
- 생활 에너지의 억제
- 형편없는 섹스에 자족

섹스의 기회를 회피하면
원하는 섹스를 누릴 수 없다

이상하게 들리겠지만 선남은 섹스를 회피하기 위해 갖가지 방안을 궁리해 낸다. 나는 이 같은 현상을 표현하기 위해 '질膣 공포증'이라는 용어를 만들었다. 질 공포증이란 음경의 질내 삽입을 꺼리거나 일단 삽입한 뒤에는 빨리 빼려는 현상이다. 이 생존 메커니즘은 수치심과 두려움을 겪지 않도록 막아주는 효과는 있을지 몰라도 동시에 성생활을 만끽하는 재미를 뺏어간다.

앨런은 대표적인 질 공포증 환자라 할 수 있다. 그는 병이라고 할 만큼 심한 혼외 성생활 악습을 고치기 위해 나를 찾아왔다. 그는 여러 차례의 밀회를 시도했고 그러다 보면 결국 성관계 분위기가 조성되는 경우도 있었지만 성교로 끝맺음을 한 적은 한 번도 없었다. 그러던 중 아내의 친구와 부정한 관계를 맺기 시작했는데 어느 날 아내가 외투 호주머니에 넣어 놓은 메모 쪽지를 발견했다. '다 알고 있다'고 적힌 그 쪽지와 함께 사태는 위기 국면으로 치달았다.

치료를 받으러 온 앨런은 여자들의 관심을 끄는 것이 즐겁다고 말했다. 사회생활에서도 늘 여자들과 어울리는 것이 더 편했다고. 세월이 흐르면서 어린 시절의 성장환경(엄마와의 유대감, 절대로 아버지 같은 사람은 되지 않겠다는 결심, 그리고 근엄한 교회의 영향

등) 때문에 앨런은 성기를 여인들의 질 속에 삽입하는 상황은 피하면서도 여전히 그들의 관심을 끌 수 있는 여러 가지 방법을 고안해 냈다. 나는 선남의 이런 보편적 행태를 가리켜 '성교 안하고 꼬시기'라고 부른다. 선남은 질 속에 음경을 삽입하지만 않는 한 실제로는 온갖 성 에너지를 주고받으면서도 자신은 섹스를 한 것이 아니라고, 또는 잘못한 것이 없다고 자위할 수 있다.

앨런은 언젠가 한번 '선남은 이제 그만' 그룹 회원들의 전형적인 행태를 선보였다. 평소 관심이 있던 동료 여직원과 함께 출장을 떠났다. 출장 중 두 사람은 서로 눈이 맞아 음담패설을 주고받았다. 그날 저녁은 블루스 댄스로 마무리됐다. 다음 날 저녁 술잔이 오간 뒤 그녀는 앨런에게 함께 온탕 목욕을 하자고 제의했다. 그녀는 속이 다 비치는 끈 비키니를 입고 나타났다. 욕탕에 들어간 그녀는 앨런의 무릎 위에 앉았고 두 사람은 뜨거운 키스를 나눴다. 그는 강렬한 욕망을 느꼈지만 침대로 가자는 그녀의 제안을 거절했다. 두 사람 사이의 '실무적 관계'를 망치고 싶지 않았던 것이다.

이 이야기는 앨런이 평생 여성의 성기를 기피해 온 것과 맥을 같이 한다. 앨런에게는 고등학교 시절 여자 친구가 두 명 있었다. 그러나 그들이 애무 이상의 것을 요구하면 부담을 느낀 앨런은 헤어지는 쪽을 선택했다.

앨런은 자기 아내가 섹스 면에서 소극적이라고 말했다. 상황이 그렇게 된 것은 앨런이 먼저 섹스를 하라고 유도하는 경우가 없었기 때문이다. 그는 모든 여자는 섹스를 나쁜 것으로 간주할 것이라고 생각했고, 섹스를 하고 싶다는 의사를 상대방에게 알릴 경우 자신을 나쁜 사람으로 받아들일 것이라고 확신했다.

앨런은 자신이 다른 여자에게 관심을 갖는 것은 아내가 성욕을 충족시켜 주지 못하기 때문이라는 핑계를 댔다. 흥미로운 것은, 앨런은 침대에 같이 누울 가능성이 별로 없는 여자들만 골라 곧 연애라도 할 듯 시시덕거리는 요령을 터득하고 있다는 점이다. 간혹 자신의 추측이 빗나가 상황이 심각해질 경우에는 뭔가 그럴듯한 핑계를 찾아내 관계가 진전되는 것을 차단했다.

훌륭한 애인이 되려고 애쓰다보면
원하는 섹스를 누릴 수 없다

선남은 흔히 훌륭한 애인임을 자처한다. 훌륭한 애인이 된다는 것이 그들에게는 일종의 '부착[14]이다. 자신은 다른 남자들

14　부착: 3장 참고. 저자가 만들어 낸 용어로, 타인의 호감을 사기 위해 선남이 사용하는 외부적 가치를 뜻한다.

과 다르다고 생각하는 한 방편이 되기 때문이다. 또 몸에 배인 수치심과 두려움으로부터 일정 거리를 유지하면서 섹스를 할 수 있는 효율적인 메커니즘이 될 수도 있다. 선남은 파트너를 유혹하고 쾌락을 안겨주기 위해 신경을 집중하는 동안에는 병적 수치심이나 열등감, 또는 숨이 막혀 죽을 것 같은 두려움을 잊고 지낼 수 있다. 30대 중반의 선남 테런스가 아주 좋은 일례다.

"저는 조루 때문에 고민이에요" 테런스가 상담을 하러 와서 맨 처음에 한 말이다. "첫 번째 마누라는 다른 남자를 찾아 떠났죠." 그는 쉬지 않고 말을 이었다. "그 때문에 참담했습니다. 희소식은 풍만하고 섹시한 멋진 여성을 새로 만나서 결혼 약속을 했다는 거죠. 문제는 단 하나, 제가 사정이 너무 빠르다는 겁니다. 그녀를 안으면 참을 수 없을 정도로 흥분이 되거든요."

테런스는 애인과 사랑을 나눌 때 만족시키기 위해 얼마나 노력하는지를 이야기했다. 성행위를 할 때마다 우선 오럴 섹스로 그녀가 두세 차례 오르가즘에 오르도록 만든 다음 비로소 삽입성욕에 들어갔다. 그런 다음 피스톤 운동으로 한 번 더 오르가즘을 느끼도록 해주고 싶었다. 그러나 불행하게도 그녀가 마지막 오르가즘에 오르기도 전에 먼저 사정하는 경우가 많았다. 테런스는 마치 욕구를 충족하는 데는 관심이 없는 사람처럼 약혼녀에게 그녀를 만족시킬 수만 있다면 자신은 오르가즘을 느끼지 못해도 상관없다는 식으로 말했다.

"그것 한 가지만 빼면 다른 건 다 좋아요"라고 테런스는 주장했다.

"그녀의 아이들과 부모님도 저를 좋아하시고, 그녀도 저의 모든 것이 다 좋대요. 다만 30퍼센트 정도가 모자라는 것 같은 느낌이라나요. 이제는 저와 사랑을 나누는 데도 별 관심이 없는 것 같고, 이 문제를 고치기 전에는 결혼도 연기하고 싶다고 말합니다."

테런스 같은 선남은 훌륭한 애인이 되려고 노력하는 과정에서 오히려 얼마나 많은 것을 놓치게 되는지 전혀 모르는 경우가 대부분이다. 선남은 훌륭한 애인이 되려고 발을 내딛는 순간 실은 따분한 섹스의 길로 접어든다. 상대방을 만족시키는 데만 목적을 두는 섹스는 '지난번에 재미를 봤던 방법'을 답습하는 주기적 반복에 그치게 된다. 훌륭한 애인이 되려고 애쓰다보면 정열적이고, 함께 느끼고, 순간적이고, 우연적이며 친밀한 성 체험과는 거리가 멀어지게 되니 그래서야 무슨 멋진 섹스를 할 수 있겠는가.

강박적 성 행동을 감추려들면
원하는 섹스를 누릴 수 없다

고독을 걷어내고 권태를 치료하며, 자기 비하 의식을 덜어주고 갈등을 수습하며, 사랑받고 있다는 느낌을 만들고, 스트레스를 덜어주고, 일신상의 문제를 모두 치료할 수 있는 약을 개발해 떼돈을 버는 상상을 해보자. 선남은 그런 약이 실제로 있다고 믿는다. 이름하여 섹스.

많은 선남들이 아주 어린 나이에 성적 흥분은 고독과 갈등, 비현실적인 요구, 그리고 유기 체험을 잊게 만들어 준다는 점을 깨닫는다. 안타깝게도 선남이 그런 섹스 만병통치약을 성인이 된 다음에도 계속 사용하면 다른 사람과 친밀하고 만족스러운 성생활을 할 수 없게 된다.

선남은 숨겨진 강박적 성 행동 습관을 갖고 있다. 나는 선남 신드롬의 도가 진할수록 성적 비밀도 많다는 이론을 세웠다. 그리고 이 이론은 대체로 사실이다. 섹스는 인간의 기본 욕망이다. 대다수 선남은 성욕을 느끼는 것이 나쁜 것이라고 생각하거나, 혹은 다른 사람들이 자신을 나쁜 사람으로 여길 것이라고 생각하기 때문에 성 충동을 남모르게 감추려 한다, 선남의 성욕은 그냥 사라지는 것이 아니라 잠시 밑으로 가라앉을 뿐이다. 따라서 다른 사람들로부터 인정받으려는 의존도가 높은 사람일수록 성 행동을 더욱 깊숙이 감추게 된다.

40대 중반의 컴퓨터 프로그래머 라일은 그 같은 연관 관계를 아주 잘 보여준다. 모든 사람이 라일을 좋아했다. 성격에 모난 구석이 없는 사람이었던 것이다. 독실한 기독교 신자인 라일은 주일학교 교사로 일했고 항상 도움이 필요한 사람을 도울 준비가 돼 있었다.

라일의 인생은 완벽한 듯했다. 다만 한 가지, 남몰래 포르노에 중독돼 있다는 것이 문제였다. 엄격한 복음교회 가정에서 자란 그는 아홉 살 때 처음 포르노라는 묘약의 맛을 알았다. 어릴 때 외톨이였던 그는 큰 나무 속의 구멍에 만들어 놓은 자기만의 요새에 들어가 벌거벗은 여인들의 사진을 보면서 시간을 보내고는 했다. 포르노는 사진만 있으면 외롭다는 생각이 들지 않았다.

결혼생활이 15년에 접어들도록 라일의 비밀은 잘 지켜졌다. 세월이 흐르는 동안 그의 강박적 행동도 성인 비디오를 빌리고 스트립쇼를 구경하러 가고 폰섹스에 전화를 거는 등 다양하게 발전했다. 최근 들어서는 사이버 공간으로 영역이 넓어졌다. 음담패설이 오가는 채팅룸에서 얼굴 없는 인터넷 이용자들과 함께 그는 각종 섹스의 유희를 즐겼다.

라일의 부인은 가끔씩 성생활에 대한 불만을 토로했다. 몇 달째 섹스 한 번 안 하는 것은 도저히 정상이 아니라고 푸념했다. 라일은 그 말이 맞다고 맞장구치면서 자신도 좀 더 섹스를 하고 싶다고 말했다. 그런 다음 일 때문에 너무 피곤하다느니, 가족을 부양하는 책임감 때문에 스트레스를 받는다느니 하는 핑계를 대고 뒤로 빠졌다.

그동안 라일은 남에게 밝힐 수 없는 비밀 섹스 세계의 출입을 그만해야겠다는 결심을 자주 했다. 몰래 모아 둔 도색잡지를 쓰레기통에 던져 버리거나 다시는 비디오도 보지 않고 채팅룸에도 들어가지 않겠다는 맹세도 수없이 했다. 그러나 길어야 몇 주 또는 몇 달 뒤 다시 그 짓을 되풀이하면서 안도의 한숨을 내쉬곤 했다.

라일은 다른 많은 선남들과 마찬가지로 숨겨진 강박적 성행동에 너무나 많은 시간과 에너지를 투입했기 때문에 진짜 세계에서의 일대일 성관계를 위해 남겨 놓은 것이 없었다.

삶의 에너지를 억제하면
원하는 섹스를 누릴 수 없다

사춘기에 접어든 소년은 '이성을 상대하는 법의 습득'이라는 험난한 파도를 헤쳐 나가야 한다. 여자 친구를 만들어 언젠가는 섹스를 한다는 기대를 품으려면 우선 어떻게 해야 여자들로부터 주목받고 인정받을 수 있는지를 알아야 한다. 그것을 비교적 어렵지 않게 해내는 소년들도 있다. 용모가 뛰어나거나 유명한 운동선수, 혹은 돈 많은 집안 출신이라면 여성의 관심을 산다는 것이 별로 어렵지 않을 수도 있다.

위에 열거한 소수의 혜택 받은 사람을 제외하곤 대다수의 사춘기 소년은 무슨 수를 써야 여자가 자기를 좋아할지 도무지 알 길이 없다. 바로 그 시점에서 많은 소년이 어쩌면 '착한' 사람이 됨으로써 다른 사람들과 확연히 구분되고 일부 여성들의 눈에 들 수 있을 것이라는 결론을 내리게 된다. 그 소년이 이미 자신의 원래 모습을 바꾸지 않으면 곤란하다는 생각에 길들여져 있다면 그 같은 결론은 더욱 중요한 의미를 띠게 된다.

착한 행동을 통해 여성의 관심을 끌고 섹스라는 보너스를 얻겠다는 사춘기 시절에 형성된 전략을 많은 선남들은 성인이 된 뒤에도 그대로 구사한다. 자신과 사귀는 여자는 정말로 복이 많은 여자라고 생각하면서도 동시에 세상에 어떤 여자가 자기 같은 남자를 원하겠느냐는 생각을 하는 선남을 흔히 볼 수 있다. 그들은 여성이 자신에게 이끌리거나 섹스를 하고 싶어 할 다른 이유는 생각해 낼 수 없기 때문에 '착하게' 행동한다는 작전이 원하는 섹스를 얻는데 별 효과가 없다는 것이 밝혀져도 개의치 않고 계속 그 작전에 매달린다.

아이로니컬하게도 착한 사람이 되려고 애쓰다보면 삶의 에너지를 잃게 된다. 선남이 다른 사람의 눈치를 보고 '일을 올바르게 하려고' 애를 쓰면 쓸수록 실은 다른 사람을 자신에게 끌어당길 수도 있는 삶의 에너지를 꾹 눌러 닫게 된다. 선남들이 툭하면 여자들이 자기에게 관심을 보이지 않는다고 하소연하는 이유가 바로 거기에 있다. 문제는 일단 삶의 에너지를 모두 꾹 눌러버리면 그들에게는 타인의 관심을 끌거나 타인을 성적으로 흥분시킬 그 무엇도 남아 있지 않다는 것이다.

여성들이 끊임없이 내게 하는 말은, 처음에는 선남의 사분사분한 매너에 이끌릴지 몰라도 시간이 좀 지나면 그와 섹스를 하고픈 욕망이 잘 일지 않는다는 것이다. 흔히 여자에게 문제가 있는 것처럼 간주되기도 하지만 실은 그녀의 잘못이 아니다. 선남에게는 이 애인이 되고자 하는 여자를 성적으로 흥분시킬 매력이 거의 없다. 여기서도 역시 선남은 올바른 길을 놔두고 정반대의 길을 걸음으로써 원하는 섹스를 스스로 박탈하는 어리석음을 저지른다.

형편없는 섹스에 자족하면
원하는 섹스를 즐길 수 없다

20대 후반인, 한 선남의 아내는 남편이 섹스를 하자고 얼마나 귀찮게 구는지 모르겠다고 내게 하소연했다. 싫다고 하면 그는 입을 삐죽 내밀고는 토라져 버렸다. 섹스 요구에 동의해 주면 그녀가 별 호응을 하지 않는데도 그 혼자서 그녀를 흥분시키려고 기를 썼다. 그녀는 짧지만 중요한 의미가 담긴 다음과 같은 말을 했다.

"그이가 진정으로 불타오르는 정열적인 모습을 보여준다면 나 역시 흥분할 것이라고 말해주고 싶어요. 그렇게 되면 내가 몹시 행복해할 테니 그이도 멋진 섹스를 했다고 생각할 수 있겠죠."

선남은 형편없는 섹스에 만족함으로써 멋진 섹스를 체험할 기회를 스스로 차단한다. 이 문제의 경우에는 아론이 아주 좋은 예가 되겠다. 그의 침실로 가서 그와 아내 한나 사이에 벌어지는 전형적인 성행위 시나리오를 감상해 보자.

아론과 한나는 몇 주째 섹스를 하지 않았다. 그들 부부는 흔히 그랬다. 오늘 밤 아론은 아내를 품에 안고 싶다. 그러나 그렇게 직접 말하지 않고 간접적으로 그녀를 흥분시키는 작업에 돌입한다.

한나는 아론에게 '집적거리는 것'이 반갑지 않다고 여러 차례 알아듣도록 말하지만 그는 침대에 엎드린 그녀의 뒤로 다가가 등을 주무르기 시작한다. 어깨를 마사지하면서 그녀가 섹스 요구에 자주 응하지 않는 데 대한 불만을 잠시 잊는다. 슬금슬금 아래로 내려간 손이 그녀의 엉덩이를 주무를 때는 그녀가 애무에 아무런 반응을 보이지 않는다는 불만도 잠시 잊는다.

그는 서두르지 않고 지나친 애무로 거부감을 느끼게 하지만 않으면 그녀도 분위기를 맞춰줄 것이라고 생각한다. 전에는 그런 방법이 가끔 통했다.

그녀의 한쪽 유방을 살짝 애무할 무렵 아론은 자신의 신체 내부에서 일어나던 반응을 완전히 잊어버린다. 이제는 오로지 한나를 흥분시키는 데만 정신이 집중되어 있고, 어떻게 하면 그녀의 분노를 사지 않으면서 성행위에 응하고 싶은 기분이 들 분위기를 조성할 수 있을까 하는 생각만 한다.

그녀가 애무를 뿌리치지 않자 마침내 그는 그녀의 몸을 앞으로 돌리고, 다음 20분 동안 흥분시킨다는 목표에 전념해 드디어 오르가즘에 이르게 한다. 그러나 본인은 육체적 흥분과는 워낙 괴리돼 있기 때문에 막상 오르가즘에 도달하지 못해 애를 먹는다. 그래서 사무실의 젊은 비서와 성교하는 환상을 품어본다. 마침내 오르가즘에 도달한 그는 모든 신경을 다시 아내의 감정 상태 점검에 돌린다. 나중에 몸을 돌려 꿈나라로 들어가는 아론은 허전하고 억울한 느낌이 들었다.

행동요령 36
당신의 애정생활은 어떤가? 멋진 성생활을 시작할 준비가 돼 있는가? 그렇다면 계속 읽어 나간다.

멋진 섹스 즐기기

이 장의 나머지 부분에서는 치료 중인 선남이 만족스런 섹스를 경험하는 데 도움이 될 전략을 제시한다. 다음과 같은 과정이다.

- 벽장에서 나온다.
- 문제를 직접 해결한다.
- 형편없는 섹스를 단호히 거부한다.
- 큰사슴의 모범을 따른다.

벽장을 열면
원하는 섹스를 즐길 수 있다

몸에 배인 수치심과 두려움은 만족스러운 성생활의 최대 장애물이다. 여자를 유혹하는 법이 적힌 책을 몽땅 읽을 수도 있고, 성 테크닉 수련 강의 비디오를 열심히 볼 수도 있지만 성욕에 관한 수치심과 두려움을 극복하지 못하면 그런 것들은 아무 소용이 없다. 멋진 섹스를 즐길 수 있느냐 아니냐의 문제는 치료 중인 선남이 수치심과 두려움을 벽장 속에서 끄집어내 밝은 곳으로 내놓은 다음 관찰하면서 해방시킬 수 있느냐의 여부에 달려 있다. 이 단계는 절대로 그냥 건너뛸 수 없다!

성적 수치심을 씻어 버리려면 그 선남에 대해 이러쿵저러쿵 판단하지 않고, 있는 그대로 받아주는 제3자가 필요하다. 선남 혼자서는 이 일을 할 수 없다. 성적 수치심과 두려움을 방출하려면 성적 측면에 관한 모든 것을 믿을 수 있는 사람에게 완전히 드러내야 한다. 이런 과정을 통해 수치심과 두려움을 방출하고 그것들을 감추고 억누르느라 필요했던 감정적 에너지를 해방시킬 수 있다. 이때 곁에 있어 주는 안전한 사람은 선남에게 성욕을 느낀다는 것이 나쁜 것이 아니라고 용기를 북돋아 주는 역할도 맡을 수 있다.

앞부분에서 이름이 나왔던 라일은 선남이 성적 수치심과 두려움을 벽장 속에서 어떻게 끄집어낼 수 있는지 모범을 보여준다. 라일은 독실한 기독교 신자이자 모범 가장으로서 강박적인 성 행동으로 갈등을 겪어 왔다. 어느 날 그의 아내가 전화고지서를 발견하고 이상한 번호 몇 군데에 전화를 걸어보면서 라일의 세계는 졸지에 무너져 내렸다. 그녀는 너무 놀라 어찌해야 좋을지 당황했다. 남편이 포르노나 폰섹스 같은 것에 연관되어 있으리라는 상상은 꿈속에서도 해 본 적이 없던 그녀였다. 그러나 자신이 발견한 것은 빙산의 일각에 불과하다는 사실을 몰랐다. 증거를 들이밀자 라일은 처음에는 깜짝 놀라는 체하면서 전혀 모르는 일이라고 잡아뗐다. 그러다가 마침내 태도를 바꿔 모든 사실을 고백했다. 거의 모든 사실 말이다. 감춘 것이 전혀 없는 모든 것을 고백하는 데는 좀 더 긴 세월이 필요했다. 그동안 아내와 여러 차례의 감정 대립을 겪고 필자를 찾아와 상담한 뒤에야 비로소 완전한 고백이 나왔다.

두세 번 개인 상담을 한 뒤 나는 그에게 성 중독자 전용의 12단계 그룹에 들어가는 것이 좋겠다고 권유했다. 라일은 처음에 그 말을 듣고 겁을 먹었지만 강박증에서 벗어나 진정한 섹스의 친밀감을 얻으려면 뭔가 근본적으로 다른 조치가 필요하다는 것을 알고 있었다. 라일은 다른 성 중독자들 앞에서 마음속에 오랫동안 깊이 감춰두었던 비밀을 뜻밖에도 힘들이지 않고 털어놓았다. 시간이 흐르면서 그는 어떤 비밀스런 생각이나 행동을 털어놓을 때마다 마치 어깨에서 무거운 짐을 내려놓는 것처럼 일종의 해방감마저 느끼는 듯했다.

라일은 안전한 사람들에게 두려움과 수치심을 공개하면서 숨겨진 강박적 행동들에 대한 관심이 점차 줄어드는 자신을 발견했다. 그가 아내와 서로 마음을 열고 좀 더 친밀해지면서 전에는 되도록 피하던 스킨십도 점점 즐기게 되었다. 라일은 벽장을 열고 나오면서 평생 감춰 온 성 행동을 치유하기 시작했다.

'선남은 이제 그만' 그룹에서 나는 치료 중인 선남들에게 성적 수치심을 벽장 밖으로 끄집어내라고 권유한다. 자신의 섹스와 관련된 이야기는 명확히 하는 것이 좋다고 말해 준다. 우리 문화에서 사람들은 섹스와 관련된 이야기를 할 때 대부분 포르노나 격이 떨어지는 이야기를 하듯, 또는 도덕적 차원이나 의학적 차원의 이야기로, 아니면 농담조로 말한다. 나는 치료 중인 선남들에게 욕구 해소 방법을 공개하라고 권유한다. 과거의 성 편력에 대해, 최초의 성 경험에 대해 털어놓으라고 말한다. 그리고 보고 흥분을 느끼는 포르노의 샘플을 가져오도록 한다. 이것은 중요한 정보를 얻으면서 수치심을 방출하는 또 다른 방편이 된다.

나는 치료 중인 선남에게 수치심을 털어놓는 전 과정을 통해 수치심, 죄의식, 두려움, 흥분 등 느끼는 모든 감정을 그대로 체험하도록 권유한다. 동시에 그들이 느끼는 모든 감정은 자연스러운 것이라고 격려한다. 우리 사회에는 남성의 성욕에 관한 부정적 메시지가 워낙 많기 때문에 선남들의 입장에서는 이런 식으로 격려하고 지원해 주지 않으면 주위 여건을 극복하기가 쉽지 않다.

깜짝 퀴즈

대다수 선남들이 처음에는 섹스에 대한 수치심이나 두려움이 없다고 부인한다. 과연 그런지 다음 퀴즈를 통해 확인해 보자.

1. **섹스를 처음 경험하던 시절로 돌아간다. 당신의 첫 경험은?**
   a. 가족이나 친구들에게 말할 수 있는 즐거운 경험이었는가?
   b. 죄의식 속에서, 또는 바람직하지 못한 상황에서 황급히 치른 숨기고 싶은 경험이었는가?
   c. 고통스럽거나 무서운 경험이었는가?

2. **자위에 관해**
   a. 당신과 당신의 파트너는 이 문제에 관해 터놓고 편안하게 이야기하는가?
   b. 자위하다가 파트너에게 '들킬' 경우 두 사람의 관계에 위기가 올 것인가?
   c. 강박적으로, 또는 비밀리에 자위를 하는가?

3. **성 경험이나 생각, 또는 충동에 관해**
   a. 자신에 관한 모든 것을 파트너에게 서슴없이 밝힐 수 있다.
   b. 아무에게도 말하지 않은 비밀이 있다.
   c. 성생활의 어떤 측면이 이성 관계에 위기를 초래한 적이 있다.
   d. 살아오면서 한 번쯤 문제가 있는 성적 행동을 없애거나 통제하려는 시도를 해본 적이 있다.

행동요령 37

다음 문제를 상의할 안전한 사람을 찾는다.

자신의 성 편력: 기억에 남아 있는 초기의 성 경험을 논의하라. 어린 시절의 체험, 성 추행이나 그로 인한 충격, 섹스와 관련된 집안 문제, 본인의 첫 성 경험, 성인이 된 뒤의 성 편력.

성욕의 표현 방식: 불륜, 매춘, 엿보기 쇼, 폰섹스, 포르노, 노출벽, 페티시 등을 통해 성욕을 해결한 경험을 논의하라.

자신의 어두운 측면: 본인조차 인정하기 싫은 어두운 측면을 논의한다. 환상, 분노, 혐오스러운 행동 등.

문제를 직접 해결하면
원하는 섹스를 즐길 수 있다

나는 선남들에게 "본인 말고 자신의 필요를 충족시킬 수 있는 사람은 세상에 없다"는 말을 자주 한다. 이것은 섹스의 경우에 특히 적합한 말이다. 치료 중인 선남이 자신의 필요에 대한 책임을 지고 직접 해결하기로 작정할 경우 원하는 섹스의 양과 질을 모두 얻을 수 있는 위치에 서게 된다.

일체의 중요한 행동 패턴들은 그보다 작은 행동 패턴들 여럿이 모여 이뤄진 것이다. 어떤 행동을 바꾸는 데 가장 효율적인 방법은 가장 작은 요소들을 바꾸는 것이다. 예컨대 어떤 선남이 원하는 만큼 섹스를 누리지 못하거나 원하는 스타일의 섹스를 즐기지 못할 경우 행동 패턴을 바꿀 유일한 길은 가장 작은 요소들을 바꾸는 것이다. 좀 더 많은 여인을 유혹해 성교 횟수를 늘리려 할 것이 아니라 성교를 많이 하지 못한다는 전체 패턴을 구성하는 작은 것들을 바꾸는 것이 더욱 효율적이다. 작은 것들을 바꾸면 결과적으로 큰 그림이 바뀐다.

선남은 다른 사람과 함께 신나고 정열적이며 만족스러운 성체험을 하기에 앞서 자기 스스로 그렇게 하는 법부터 배워야 한다. 치료 중인 선남은 문제 해결에 직접 나섬으로써, 이 경우에는 건강한 자위自慰 연습을 통해, 성생활의 커다란 그림을 형성하는 가장 기본적인 요인들을 바꿀 수 있다.

이런 논리를 고려해 보라.

- 스스로 수치심 없이 성욕을 느끼기 전에는 다른 사람 앞에서 수치심 없이 성욕을 느낄 수 없을 것이다.
- 자신에게 쾌감을 주는 데 익숙해지지 않으면 다른 사람이 주는 쾌감을 받지 못할 것이다.

- 자기 혼자 있을 때 흥분과 쾌감에 대한 책임을 지지 않으면 다른 사람과 함께 있을 때 흥분과 쾌감에 대한 책임을 질 수 없을 것이다.
- 포르노나 환상의 힘을 빌리지 않고 자력으로 성욕을 느끼지 못한다면 비슷한 것들이 없을 때 다른 사람과 섹스를 할 수 없을 것이다.

선남은 내가 '건강한 자위'라고 부르는 것의 연습을 통해 그런 요인들을 바꿀 수 있다. 건강한 자위는 성 에너지를 방출하는 하나의 과정이다. 목표나 목적지가 없다. 오르가즘을 얻자는 것이 목적이 아니다. 포르노 같은 외부 자극을 필요로 하지 않으며 수치심이나 두려움으로부터 마음을 다른 데로 돌리기 위해 무아지경이나 환상을 이용하지 않는다. 건강한 자위는 어떤 것이 좋은 느낌인지 신경을 집중하는 방법을 배우는 것이다. 대체로 자신의 성적 쾌감과 표현에 대한 책임감을 수용하기 위한 것이다.

많은 선남들이 건강한 자위라는 말을 듣는 순간 매우 거북스러워한다. 우선 용어부터 모순적인 것 같다. 선남은 대체로 자위를 굉장히 부끄럽게 생각한다. 그들 주변에는 그런 수치심을 키워 주는 사람들(파트너, 종교인 등)이 많다. 많은 선남은 자위에 관해 강박관념을 갖고 있다. 어떤 식으로든 자기만족을 추구하면 판도라의 상자가 열릴 것이라고 걱정하는 것이다.

나는 치료 중인 선남이 환상이나 포르노의 도움 없이 자위하는 방법을 배우게 되면 그들의 행동이 강박과는 거리가 멀어진다는 점을 발견했다. 그리고 그런 경험을 도덕적 잣대로 판단하려 들지 않는 다른 사람들과 공유할 경우 수치심도 급속히 사라진다는 점도 발견했다.

건강한 자위는 치료 중인 선남이 멋진 섹스를 즐기지 못하도록 방해하는 최대의 장애요인을 바꾸게 해준다. 건강한 자위는,

- 성욕이 생기는 데 대한 수치심과 공포를 없애주고
- 선남이 자신의 성욕 해소에 직접 대처하게 해주며
- 요구에 응하지 않는 파트너나 포르노에 대한 의존도를 없애주고
- 선남이 스스로 즐기는 방법을 익히도록 도우며
- 선남에게 멋진 섹스를 실컷 즐겨도 좋다는 인허가를 내주고
- 선남의 쾌감은 선남 스스로 알아서 해결하도록 한다.

포르노에 대하여

나는 법적으로나 도덕적으로 포르노에 반대하는 입장은 아니지만 몇 가지 이유로 남자들에게 좋지 않다고 생각한다.

- 포르노는 사람들의 기호와 섹스의 정의에 관해 비현실적인 기대를 품게 만든다.
- 포르노는 남자들이 신체와 특정 신체 부위에 중독되게 만든다.
- 포르노는 실제 성관계의 대용품이 되기 쉽다.
- 포르노는 남자들이 수치심과 두려움을 느끼지 않으면서도 성욕을 발산할 수 있는 황홀경에 빠지게 만든다.
- 포르노는 보통 드러내지 못하고 몰래 사용하는 것이기 때문에 수치심을 증폭시킨다.

나는 선남들에게 굳이 포르노를 이용할 생각이라면 공개적으로 하라고 말한다. 그렇게 하면 황홀경이 깨지면서 깊이 빠지게 마련이다.

건강한 자위를 통해 이런 요인들을 바꾸면 다른 사람과 좀 더 진한 사랑을 나눌 수 있게 된다. 테런스가 아주 좋은 예다.

테런스는 원래 '문제'를 빨리 고쳐 약혼녀가 결별 선언을 하는 일이 없도록 하기 위해 치료를 받으러 왔었다.

처음 몇 번의 상담 시간에는 자신의 필요를 최우선으로 삼는 문제에 초점을 맞추었다. 대다수 선남의 경우와 마찬가지로 테런스도 처음에는 거북해 했다. 그는 훌륭한 애인이 되어 약혼녀를 행복하게 해주지 못하면 전처가 그랬듯이 그녀도 자기 곁을 떠나지 않을까 몹시 걱정했다.

환상에 대하여

환상이란 일종의 분리 작용으로서 사람의 신체를 정신으로부터 떼어 놓는 과정이다. 성욕을 느낄 때 환상을 품는 사람은 그 순간 고의로 자신의 신체를 떠난다. 일부 의사들은 성생활의 개선 방법으로 성적 환상을 권장하지만 실은 성생활을 망치는 지름길이다.

성행위 때 환상을 품는 것은 진수성찬을 먹으면서 햄버거를 생각하는 것처럼 말이 되지 않는 소리다. 환상의 유일한 효능이라면 본인이 수치심이나 두려움을 잊도록 해주거나 형편없는 섹스를 하고 있다는 사실을 은폐해 주는 정도일 뿐이다.

나는 우선 테런스에게 자신만을 위해 몇 가지 섹스와 무관한 일들을 해보라고 시켰다. 그런 모습이 약혼녀의 눈에 더욱 매력적으로 비치게 될 것이라고 장담했다. 그가 자신의 필요를 최우선으로 삼아도 애인이 도망가는 것은 아니라는 점이 확실해진 뒤로 우리는 2단계로 넘어갔다.

나는 테런스에게 건강한 자위를 거론했다. 방해받지 않고 쾌감과 흥분에 신경을 모을 수 있는 시간을 내보라고 권유했다. 다만 오르가즘에 도달하겠다는 생각을 해서는 안 되고 환상이나 포르노를 이용해서도 안 된다고 말해 주었다. 대신 어떤 느낌이 좋은지에 신경을 모으고, 수치심과 두려움을 떨구기 위해 자기도 모르게 어떤 행동을 하는지 잘 관찰하라고 말했다.

테런스가 주어진 과제를 수행하는 데는 여러 주가 걸렸다. 처음에 시키는 대로 했을 때는 별 느낌이 없었다고 보고했다. 나는 일주일에 적어도 한 번씩 계속 해보라고 권유했다. 몇 주가 지난 뒤 그는 자위행위가 즐거워지기 시작했지만 약혼녀가 화를 낼지도 모른다는 수치심과 두려움도 느낀다고 보고했다.

나는 그들의 섹스 패턴을 바꿔 볼 요량으로 테런스에게 약혼녀를 데려오라고 말했다. 테런스가 그녀를 흥분시켜 오르가즘에 이르게 하겠다는 생각을 하지 말고 대신 좀 더 자신에게 신경 쓰는 문제를 우리는 대화 주제로 삼았다. 그의 약혼녀는 그 말을 듣고 오히려 안도하는 표정이었다. 멀티플 오르가즘을 느끼기를 기대하는 테런스로부터 부담감을 느껴 왔다고 털어놓았다. 또 과거에는 그런 사실을 그에게 말하지 않고 오르가즘에 도달한 체했었다고 말했다.

그들이 성교 체험에 대해 솔직한 이야기를 나누면서 패턴이 바뀌기 시작했다. 잠자리를 같이 하는 동안 좋았던 점과 못마땅했던 점들에 대해 서로 이야기하는 시간이 실제로 늘었다. 처음에는 쉽지 않았지만 테런스는 건강한 자위를 통해 자신에 대해 알아낸 사실을 약혼녀에게 알렸다. 그녀가 그에게 쾌감을 주고 서로 교감이 오가는 성관계를 갖고 싶다는 관심을 표명하자 그는 깜짝 놀랐다.

몇 달 뒤 테런스와 그의 약혼녀는 예정대로 결혼식을 올렸다. 두 사람 모두 옛날식 섹스 방식을 버리고 좀 더 친밀하게 두 사람을 하나로 묶어 주는 섹스를 하게 된 것이 얼마나 다행인지 모르겠다고 입을 모았다.

행동요령 38

건강한 자위를 연습할 시간을 마련한다. 방해받지 않을 편안한 장소를 고른다. 포르노나 환상을 이용하지 말고 자신을 바라보고 자신의 몸을 만지면서 연습한다. 어떤 목표(예컨대 오르가즘에 도달한다는 것)를 정하지 않고 성욕을 체험하는 기분이 어떤지에 유의한다. 또 행위 도중 다른 엉뚱한 생각을 하게 되는지 않는지 관찰한다(환상에 빠지거나, 목표를 정하거나, 잡생각을 하거나, 신체의 느낌을 잊거나 등). 이런 체험을 관찰해 수치심과 두려움에 대한 정보로 이용한다.

형편없는 섹스를 거부하면
원하는 섹스를 즐길 수 있다

섹스에 관한 한 선남은 완벽한 밑바닥이라고 말할 수 있다. 형편없는 수준에도 좋다고 하고 좀 더 달라고 구걸한다. 선남은 포르노에 나온 왜곡된 신체 이미지에 만족한다. 폰섹스나 채팅룸의 얼굴 없는 섹스에 만족한다. 생각이 없는 상대방을 붙들고 섹스를 하자고 설득하는 헛수고에 만족한다. 강박적으로 순식간에 끝내는 자위행위에 만족한다. 열정도 없는 기계적 성행위에 만족한다. 무아지경과 환상에 만족한다. 선남들은 만족하는 것도 많다.

형편없는 섹스에 만족하는 것은 곧 멋진 섹스를 체험할 기회를 국한하는 것이다. 나는 선남들에게 늘 이렇게 말한다.

"여러분이 원하는 것을 얻으려면 현재 갖고 있는 것을 과감히 버릴 줄 알아야 합니다."

멋진 섹스는 오로지 치료 중인 선남이 형편없는 섹스에는 만족할 수 없다고 선언할 때만 얻을 수 있다.

그렇다면 멋진 섹스란 어떤 것인가. 만일 영화나 포르노에서 보는 것을 토대로 그에 대한 정답을 댄다면 형편없는 섹스의 공식을 굳혀 주는 것으로 그치고 말 것이다. 나는 '멋진 섹스'를 다음과 같이 규정한다.

멋진 섹스란 두 사람이 필요 충족에 대한 전적인 책임을 지는 것이다. 거기에는 목표가 없다. 논의할 현안도 없고 기대도 없다. 공연이라기보다는 성적 에너지를 펼치는 행위다. 두 사람이 가장 친밀하고 가장 취약한 방법으로 자신을 드러내는 것이다. 멋진 섹스란 두 사람이 쾌락, 정열, 흥분에 초점을 맞추고 파트너의 그것에 관심을 기울일 때 가능하다. 이런 요인들 때문에 멋진 섹스는 예측할 수 없고 즉흥적이며 인상적인 방식으로 전개된다.

치료 중인 선남이 기어코 멋진 섹스를 해보겠다는 결심을 세우면 자기 책임 아래 뭔가 다른 일을 시작하게 된다.

- 멋진 애인이 된다는 생각을 버린다.
- 분명하게 단도직입적으로 말하는 연습을 한다.
- 원할 때 섹스가 가능한 파트너를 고른다.
- 엉터리 섹스에 만족하지 않는다.
- 섹스를 아예 안 하는 것보다는 형편없는 섹스라도 하는 것이 낫다는 생각을 버린다.

아론은 치료 중인 선남이 형편없는 섹스를 단호히 거부할 때 어떤 현상이 일어나는지를 잘 보여준다. '선남은 이제 그만' 그룹에 들어온 처음 몇 주 동안 아론은 아내가 섹스에 관심을 보이지 않는다고 분통을 터뜨리면서 그에 대해 무대책임을 하소연했다. 아론은 아내가 행복한 성생활의 열쇠를 쥐고 있다고 생각하는 것이 분명했다. 그리고 그녀가 그 열쇠의 사용을 고의로 거부한다며 화가 나 있었다. 그래서 의기소침한 그는 쓸모없는 인간이라는 생각에 사로잡혀 있었다.

몇 주 뒤 나는 아론에게 여섯 달 동안 한나에게 접근하지 않는 금욕생활을 해보라고 권유했다. 그리고 그 여섯 달 동안 한나와 결혼하면서 포기했던 것들에 대해 관심을 쏟아 보라고 했다. 한나에게 감정을 솔직하게 털어놓을 것도 권유했다. 금욕기간을 가짐으로써 더 이상 아내가 응해 줄지 여부에 신경을 쓰지 않아도 되기 때문에 다른 일들을 하기가 쉬워질 것이라는데 우리는 의견을 같이 했다. 평소에 그는 혹시 실수를 저질러 아내가 화를 내면서 섹스를 거부하는 사태가 일어날까봐 전전긍긍했는데 섹스를 하지 않게 되면 아예 그런 걱정을 할 필요가 없어지는 것이다.

처음에 아론은 그런 방법을 쓴다고 한나가 좀 더 섹스를 하고 싶어 할 지 의문을 품었다. 나는 이 방법의 목표는 그녀가 좀 더 섹스를 요구하도록 만드는 것이 아니라 그가 열쇠를 되찾고 더 이상 희생자라는 생각을 하지 않도록 하자는 것이라고 말했다.

그는 처음에는 좀 망설였지만 어쨌든 왕성한 성생활을 하는 것은 아니라는 점을 시인했다. 그룹 멤버들이 응원하는 가운데 그날 밤 집에 가서 아내에게 계획을 알리기로 마음먹었다.

다음 주 아론은 그룹 회원들에게 그동안의 경과를 보고했다.

아내는 처음에는 화를 냈지만 며칠 뒤에는 좀 더 다정한 태도로 자신을 대했는데 몇 달 만에 처음 겪는 일이었다고 했다.

그 다음 6개월 동안 아론은 자신의 경험을 그룹 회원들 앞에서 털어놓았다. 자신을 위해 한 일도 몇 건 있었는데 전에 같았으면 불안해서 차마 하지 못했을 것이다. 한 2년 동안 얼굴을 보지 못한 친구들을 만났고, 아내에게 감정을 솔직하게 털어놓기 시작했다. 그 중에는 아내에게 화가 났음을 알린 경우도 한 번 이상 있었다. 그녀의 잔소리를 들을 기분이 아니라고 말한 적도 두세 번 정도 있었다. 자신이 전보다 더 정직해졌다는 것도 깨달았다. 전에 같았으면 혼자 삭이고 말았을 일도 아내에게 털어놓곤 했던 것이다.

아론은 또 아내가 몇 차례 살을 섞고 싶어하는 눈치를 보였다고 말했다. 아내는 이제 그가 추근거리지 않으니 그에게 마음대로 다가갈 수 있다는 생각이 든다고 말했다. 그녀는 또 굳이 성교로 마무리 짓지 않더라도 아론과 함께 성적 에너지를 보유할 수 있다는 것이 마음에 든다고 말했다. 여섯 달 뒤 아론은 억울하다는 생각이 많이 사라졌으며 아내와도 훨씬 가까워진 기분이 든다고 말했다. 또 어떻게 하면 필요를 충족하고, 섹스가 아니 다른 방법을 통해 감정을 좀 더 직접적으로 표현할 수 있는지도 터득했다. 가장 중요한 것은 그들 부부가 다시 살을 맞대면서 부부 간의 일체감이 전보다 훨씬 더 커졌다는 점이다.

행동요령 39

섹스 유예기간을 갖도록 한다. 미리 일정 기간을 정해 놓고 의도적으로 성생활을 자제한다. 이렇게 하면 어떤 성적 상황에 처하더라도 절실하게 깨달음을 얻는 체험이 될 수 있다. 대다수 남성은 이런 제안에 거부감을 느끼지만 일단 해보기로 결정하고 나면 매우 긍정적인 체험이라는 것을 알 수 있다. 성생활의 유예에는 장점이 많다.

- 비정상적 주기의 타파에 도움이 된다.
- 밀고 당기는 신경전을 없앨 수 있다.
- 분노를 해소할 수 있다.
- 섹스 없이도 살 수 있다는 것을 깨닫게 된다.
- 자신의 성 체험에 대한 열쇠는 오로지 자신만이 쥐고 있다는 점을 깨닫게 된다.
- 얼마나 형편없는 섹스에 만족해 왔는지 깨닫게 된다.
- 파트너가 섹스를 거부할지도 모른다는 두려움이 사라진다.
- 성 충동의 의미에 관심을 기울이게 된다. 선남은 성 충동을 느낄 때마다 자동적으로 이런 질문을 던질 수 있다. '나는 왜 성욕을 느끼는 건가?'
- 강박적 자위행위, 포르노 및 기타 중독성 행동을 없앰으로써 중독 패턴을 벗어나는 데 도움이 된다.
- 섹스와 관련해 기피해 왔던 감정을 처리하는 데 도움이 된다.

섹스 유예기간을 갖기 전에 먼저 파트너와 상의한다. 기간을 미리 정하는 것이 좋다. 3~6개월 정도가 좋을 것 같다. 불가능한 일이 아니다.

유예의 변수들을 결정한다. 일단 유예기간에 돌입한 뒤에는 자신이나 파트너가 고의로 또는 실수로 그 결심을 방해하는 행동을 하지 않는지 유의한다. 이것은 학습 체험이라는 사실을 잊지 말자. 따라서 완벽하게 한다는 부담을 가질 필요가 없다.

큰사슴의 모범을 따르면
원하는 섹스를 즐길 수 있다

큰사슴 같은 야생의 짐승 수컷들은 어떻게 하면 암컷들에게 잘 보일까 궁리하며 빈둥거리지 않는다. 놈들은 그저 거칠고, 강하고, 경쟁적이고, 성적 자부심이 강한 자신의 모습을 있는 그대로 유지한다. 놈들은 어디까지나 놈들일 뿐이고 원래 하던 짓을 하기 때문에 암놈들이 이끌려 오게 돼 있다.

야생에서 최고의 미약은 자신감이다. 치료 중인 선남이 자신의 원래 모습을 받아들이는 데 익숙해지면 좀 더 매력적으로 보이게 된다. 자존감, 용기, 성실성 등은 남자의 보기 좋은 모습들이다. 치료 중인 선남이 자신의 길을 스스로 설정하고 먼저 발길을 내디디면 사람들이 반응을 보인다.

나는 치료 중인 선남들로부터 '이기적으로' 자신의 필요를 앞세웠더니 놀랍게도 그 전에는 잘 응하지 않던 파트너가 성욕을 표현해 오더라는 말을 많이 들었다.

자연의 힘

섹스를 신나게 만드는 바로 그 요인이 그대로 섹스를 무섭게 만드는 요인이 된다. 섹스는 강력하고 혼란스러우며 거칠다. 우주의 에너지가 부글부글 끓는다. 섹스는 나방을 끌어당기는 불처럼 우리를 끌어당긴다. 치료 중인 선남은 성적 수치심과 두려움을 방출하고, 자신의 쾌락에 대한 책임을 지며, 형편없는 섹스에 만족하기를 거부하고, 자신의 원래 모습에 익숙해지는 순간 아무 두려움이나 기탄없이 이 우주 에너지를 포용할 수 있는 위치에 서게 된다. 섹스가 정말로 훌륭해지는 것은 바로 이런 때다.

Chapter

09

원하는 삶을 찾아라

원하는 삶을 찾아라

생활 속에서, 일터에서
정열과 목적을 찾는다

독자 여러분의 인생에 아무런 제약이 없다면,

- 어디에서 살고 싶은가?
- 한가한 시간에 무엇을 하고 싶은가?
- 무슨 일을 하고 싶은가?
- 집과 주변 환경은 어땠으면 좋겠는가?

생활 현실을 둘러보면서 두 가지 질문을 던져 보라. 나는 원하는 삶을 만들어 가고 있는가? 그렇지 않다면, 그 이유는?

일반적으로 내가 만나 본 선남들은 지적이고 근면하며 유능한 사람들이었다. 대다수가 적어도 약간씩은 성공한 편이었지만 자신의 능력이나 잠재력에 걸맞게 사는 사람은 과반수에 미달했다. 또 진정으로 원하는 삶을 만들어가고 있는 것도 아니었다.

선남은 남의 눈치를 보고, 결점을 숨기고, 안전 제일주의를 지향하고, 실제 효과를 거둘 수 있는 방법과는 정반대의 길을 걷는 데 너무 많은 시간을 허비하기 때문에 숨은 능력을 최대한 발휘하지 못하는 것이 당연할 수밖에 없다. 능력 있고 지적인 수많은 사람들이 인생을 낭비하고 범용凡庸이라는 수렁에서 허덕이는 것, 그것이야말로 선남 신드롬의 최대 비극일지도 모른다.

선남들

대다수 선남은 처음에 인생 패러다임으로 인한 애정관계의 문제를 해결하기 위해 상담실을 찾아온다. 그런 애정관계의 문제 때문에 자신이 직장이나 인생의 방향 전체에 대해서도 역시 불만을 품고 있다는 사실은 가려져 버린다. 선남들이 비정상적이고 불만스러운 애정관계의 수렁에서 꼼짝 못하는 그 요인과 똑같은 요인 때문에 비정상적이고 불만스러운 직장의 수렁에서 꼼짝 못하는 경우가 많다.

선남이 일상생활이나 직장에서 능력을 최대한 발휘하지 못하는 데는 수많은 이유가 있다. 예를 들면 다음과 같은 것들이다.

- 두려움
- 올바르게 하려는 강박관념
- 모든 것을 자기 손으로 하려는 강박관념
- 자기 태업
- 왜곡된 자기 이미지
- 궁핍 망상증
- 익숙하지만 정상적 기능을 발휘하지 못하는 체제 안에 갇혀 있기

두려움 때문에 원하는 삶을 찾을 수 없다

선남들이 체험하는 모든 문제의 한가운데 있는 공통분모 하나를 꼽으라면 나는 두려움이라고 말하겠다. 선남이 어떤 행동을 하거나 또는 하지 않는 이유는 대부분 두려움이다. 그들의 사

고는 뇌 속의 두려움으로 뒤덮인 뉴런들 사이를 흐른다. 공포 정치 치하의 상황이나 마찬가지다.

- 선남이 봉급 인상을 약속받고도 약속 이행을 요구하지 못하는 것은 두려움 때문이다.
- 선남이 만족스러운 직장생활 경력에 필요한 교육이나 훈련을 받기 위해 학교에 돌아가지 못하는 것은 두려움 때문이다.
- 선남이 다니기 싫은 직장에 억지로 다니는 것은 두려움 때문이다.
- 선남이 평소 꿈에 그리던 비즈니스를 창업하지 못하는 것은 두려움 때문이다.
- 선남이 살고 싶은 곳에서 살고, 하고 싶은 일을 하지 못하는 것은 두려움 때문이다.

선남은 실수를 할까봐 걱정하고, 어떤 일을 잘못하지 않을까 걱정하며, 실패를 걱정하고, 모든 것을 잃을까봐 걱정한다. 이같은 실패의 두려움 곁에는 얄궂게도 성공에 대한 두려움이 나란히 서 있다. 선남은 만일 성공하면 다음과 같은 사태가 벌어지지 않을까 걱정한다.

- 사기꾼임이 들통날 것이다.

- 사람들의 기대에 걸맞게 살지 못할 것이다.

- 비난받을 것이다.

- 높아진 기대감에 부응하지 못할 것이다.

- 인생을 통제하지 못할 것이다.

- 어떤 짓을 저질러 그 모든 것을 망쳐 버릴 것이다.

선남은 그 두려움이 실제이든 상상이든 그것에 직면하는 길을 택하지 않고 잠재력을 조금만 발휘하는 선에서 만족해 버린다.

매사를 올바르게 하려고 생각하면
원하는 삶을 찾을 수 없다

모든 삶의 정수는 진보와 변화다. 한 개인의 입장에서 그 과정이 자연스럽고 완벽하게 일어나려면 통제하겠다는 생각을 버려야 한다. 통제한다는 생각을 버리면 아름답고 우연적인 창조의 혼돈이 그 사람의 몸속에서 마음껏 기지개를 켜게 된다. 그 결과는 활기차고 충만한 인생으로 나타난다.

선남은 매사가 순조롭고 평온무사한 삶을 살겠다는 생각에 사로잡혀 있다. 그런 목적을 달성하기 위해 그들이 쓰는 방법은 일을 '똑바로' 하고 '규칙'을 따르는 것이다. 불행하게도 그 같은 인생전략은 창조적인 인생 에너지의 뚜껑을 닫아 버리는 데 가장 뛰어난 효능을 갖고 있다. 그 뚜껑이 그들의 정열을 죽이고 잠재력을 최대한 발휘하지 못하도록 방해한다.

- 모든 일을 똑바로 하려고 애쓰는 선남은 창의력과 생산력을 잃게 된다.
- 완벽을 지향하는 선남은 자신의 결함에만 눈을 뜨게 된다.
- 남들로부터 인정받으려고 애쓰는 선남은 범용의 수렁에 빠진다.
- 결점이나 실수를 감추려 드는 선남은 모험을 감수하거나 새로운 시도를 하지 못한다.
- 규칙을 따르는 선남은 융통성을 잃고 소심해지면 겁이 많아진다.

많은 선남들이 삶과 직장생활에 불만과 권태를 느끼고 만족하지 못하는 것은 이처럼 자기 스스로 제약을 부과하기 때문이다.

모든 것을 스스로 하려 들면
원하는 삶을 찾을 수 없다

선남은 어린 시절 원하는 것이 있어도 제때 제대로 충족된 적이 없다. 무시당하는 경우도 있고, 이용당하는 경우도 있으며 학대받거나 심지어 버림받는 경우도 있었다. 그런 아이들은 모두 무언가를 필요로 한다는 것은 나쁜 것이거나 위험한 것이라고 믿으면서 자랐다. 모두들 뭔가 필요한 것이 있을 때는 스스로 구해야 한다고 믿으면서 자랐다.

결과적으로 선남은 남이 주는 것을 받을 줄 모른다. 또 도움을 청하는 것을 죽어라 싫어한다. 남들이 도와주려고 하면 참담한 기분을 느낀다. 남에게 맡길 줄을 모르기 때문이다.

선남은 모든 일을 스스로 해야 된다고 믿기 때문에 잠재력을 완전히 발휘하는 경우가 드물다. 혼자서 모든 일을 잘하거나 성공할 수 있는 사람은 없다. 그러나 선남은 그래야 옳다고 생각한다. 그들은 팔방미인일지는 몰라도 무엇 하나 제대로 하는 것이 없다. 유년기의 성장 여건상 그들은 어떤 분야에서도 능력을 십분 발휘할 수 없게 되어 있다.

자기 태업을 하면
원하는 삶을 찾을 수 없다

선남은 성공을 두려워하기 때문에 자기 태업에 능숙하다. 이들이 성공을 방해하는 방법은 다음과 같다.

- 시간 낭비
- 변명대기
- 프로젝트 미완성
- 다른 사람 뒷바라지
- 여러 프로젝트 동시 추진
- 여러 사람 동시 사귀기
- 꾸물대기
- 한계 미설정

선남은 유능한 사람인 체하는 데는 도사가 된 사람들이다. 그러나 진정으로 위대한 사람이 되면, 다시 말해 정상에 오르게 되면 본인의 의사와는 관계없이 지나친 관심과 검증의 대상이 된다. 성공의 밝은 불빛은 본인들이 자각하고 있는 결점들을 훤히 비출 위험성이 있는 것이다.

결과적으로 선남은 절대로 지나치게 성공하는 법이 없도

록 미리 차단하는 기발한 수단들을 갖고 있다. 어떤 일을 아예 시작하지 않으면 실패할 일이 없을 것이다. 어떤 일을 끝내지 않으면 비난받을 일이 없을 것이다. 여러 가지 일을 동시에 추진하면 어느 하나를 특히 잘하지 않아도 된다. 그럴듯한 핑계거리가 충분하면 사람들은 그에게 큰 기대를 걸지 않을 것이다.

자기 이미지를 왜곡하면
원하는 삶을 찾을 수 없다

선남은 유년기에 원하는 것이 있어도 제때 제대로 충족된 경험이 없기 때문에 자신의 이미지를 왜곡하며 자란다. 순진하고 미숙한 논리로 자신의 욕구가 중요한 것이 아닌 이상 자기도 중요한 사람이 아니라는 결론을 내린다. 이것이 그들의 몸에 배인 병적 수치심의 토대다. 모든 선남은 자신이 중요하지 않거나 훌륭하지 못한 사람이라는 생각에 젖어 있다.

어릴 때 잔소리가 심하거나 자식들에게 의지하는 부모를 돌봐야 했던 선남은 병적 수치심이 특히 더 컸다. 그 소년은 잔소리가 심한 부모의 비위를 맞추거나, 부모가 편하게 지낼 수 있도록 돌봐야 할 의무가 있다고 생각하지만 안타깝게도 그런 능력이 없었다.

부모의 비위를 맞출 능력도 없고 편히 지내도록 돌볼 능력도 없었던 고로 많은 선남은 부적격자라는 생각을 하며 자랐다. 마땅히 해야 된다고 생각하는 일은 있는데 아무리 애를 써도 제대로 또는 충분히 되지 않는다. 엄마는 여전히 울적한 표정으로 말이 없고 아버지는 여전히 잔소리가 심하다.

그처럼 자신은 능력이 딸리고 결점투성이 인간이라는 인식은 어른이 돼서도 그대로 이어진다. 어떤 선남은 모든 일을 반듯하게 함으로써 그것을 벌충하려 든다. 그렇게 하면 자기가 얼마나 부족한 사람인지 아무도 모를 것이라고 생각한다. 또 다른 선남은 아예 해보기도 전에 지레 포기한다.

이처럼 자신에 대해 부정적 이미지를 품으면 남들 눈에 뜨이게 나설 수도 없고, 기회를 잡을 수도 없으며, 뭔가 새로운 시도를 해볼 수도 없다. 늘 해오던 대로만 살면서 자신이 실은 얼마나 유능하고 지적인 사람인지 결코 알지 못한다. 주변 사람들은 이 점을 잘 알지만 정작 본인은 어린 시절의 왜곡된 렌즈를 통해 세상을 바라보기 때문에 자신의 진정한 잠재력과 능력을 제대로 보지 못한다.

이 같은 왜곡된 자기 이미지를 낳는 것은 눈에 보이지 않는 감정과 인식의 천장이다. 보이지 않는 그 뚜껑 때문에 선남은 능력을 온전히 발휘하지 못한다. 설령 그 위로 뛰어오르려고 해도 천장에 머리를 부딪친 뒤 늘 놀던 동네로 도로 떨어지게 마련이다.

궁핍 망상은
원하는 삶을 찾지 못하게 방해한다

어린 시절 필요한 것을 제대로 충족하지 못하며 자란 선남은 이 세상에는 원하는 것이 충분하지 않다는 생각을 하게 된다. 그래서 궁핍 체험이라는 렌즈를 통해 세상을 바라보게 된다.

이 부족과 궁핍의 패러다임 때문에 선남은 잔꾀를 부리고 군림하려 든다. 이미 갖고 있는 것은 악착같이 붙들고, 구태여 위험을 무릅쓸 필요는 없다고 생각하게 된다. 자신이 갖고 있지 않은 것을 갖고 있는 사람을 보면 적개심을 품는다.

궁핍 망상 때문에 선남은 생각의 폭이 좁다. 자신은 좋은 것을 누릴 만한 가치가 없는 사람이라고 생각한다. 세계관이 도전받는 일이 일어나지 않도록 예방하기 위해 온갖 방법을 궁리한다. 엉성한 수준에 자족하면서 자신의 가치는 그 정도라고 생각한다. 그리고 자신이 진정으로 원하는 것은 결코 얻지 못할 것이라는 점을 설명하기 위해 온갖 이론적 근거를 만들어낸다. 선남은 자기 스스로 미리 그러리라고 생각하기 때문에 잠재력을 충분히 살리지도 못하고 진정으로 원하는 것을 얻지도 못한다.

익숙하지만 정상적 기능을 발휘하지 못하는
체제 안에 갇혀 있으면 원하는 삶을 찾지 못한다

앞에서 누누이 설명했듯이 선남이 사랑놀음에서 원하는 것을 얻지 못하게 막는 중대 요인은 두 가지다.

첫째, 선남에게는 불만스러워도 자신에게 익숙한 관계를 재창조하는 경향이 있다는 점. 그들은 어릴 때 체험했던 것과 똑같은 비정상적 관계를 만드는 데 도움이 될 만한 파트너를 고른다. 그런 다음 비정상적인 파트너 때문에 고생하는 희생자로 자처한다.

둘째, 선남은 대체로 관계 청산에 서툴기 때문에 원하는 관계를 잘 체험하지 못한다. 건강한 사람 같으면 짐을 싸고 떠나버리겠지만 선남은 내내 같은 일을 되풀이하면서 기적이 일어나듯이 뭔가가 바뀌기를 희망한다.

선남은 직장에서도 크게 다르지 않다. 비정상적 역할, 관계, 그리고 유년기의 규칙들을 재창조하도록 허용하는 직장과 일거리에 매료된다. 종종 그런 상황의 힘없는 피해자로 자처한다. 그런 체제가 반드시 그래야만 할 필요는 없으며 그곳을 떠날 자유가 있다는 점은 깨닫지 못한다.

선남은 직장에서도 이미 익숙해져 있는 가정 패턴을 부지불식간에 재창조하기 때문에 늘 불만 속에서 살게 된다. 어린 시절의 기능 비정상을 영원히 생활화하면서 진정으로 원하는 일을 하거나 선택한 직업에서 정상에 오르는 일은 드물다.

정열과 잠재력을 실현하라

나는 '선남은 이제 그만' 그룹 회원들에게 나의 목표는 그들 모두가 백만장자가 되어 그룹을 떠나는 것이라는 말을 종종 한다. 이 말은 사실 돈이나 물질적 부와는 거리가 멀고 정열을 찾고 잠재력을 활용하라는 말이다.

앞에서도 이미 말했지만 내가 상담하는 선남들은 대체로 지적이고 유능하다. 이들은 선남 신드롬을 탈출하려고 노력하는 과정에서 자기 자신의 본 모습을 그대로 받아들이는 법을 배운다. 이처럼 먼저 자신을 받아들이면 자신의 정열을 받아들이게 되고 두려움을 직시할 수 있게 된다.

자기 자신과 세계에 대해 좀 더 정확한 관점을 형성하면 풍요로운 우주가 그들의 인생에 자유롭게 흘러 들어올 수 있는

문이 열린다. 그것은 때로는 돈이라는 모습을 띠고, 때로는 사랑이라는 모습을 띤다. 섹스라는 모습을 띠는 경우도 있고, 명예라는 밝은 빛의 모습을 띠는 경우도 있다. 또 어떤 때는 그 모든 것이 포함된다.

이 장의 나머지 부분에서는 치료 중인 선남이 모든 잠재력을 발휘하는 데 도움이 될 작전을 소개한다. 수많은 선남이 이미 다음에 소개되는 계획을 통해 정열을 발견하고 잠재력을 개발하는 데 성공했다. 당신도 그 대열에 동참할 수 있다.

두려움을 피하지 않고 직시하면
원하는 삶을 찾을 수 있다

찰리는 열정도 없고 능력을 제대로 발휘하지도 못하는 선남의 전형이 될 뻔했다. 처음 만났을 때 찰리는 다니기 싫은 직장에 다니고 있었으며 범용과 두려움으로 요약될 수 있는 삶을 살고 있었다. 한 2년 전 엔지니어링 학위를 받았지만 대학에 다니기 전에 다니던 직장에 계속 다니고 있었다. 회사 측은 대학을 졸업하면 봉급을 대폭 올려 주겠다고 약속했었다. 그 약속은 지켜지지 않았지만 찰리는 그냥 분한 감정을 삭인 채 늘 해오던 일을 했다.

찰리의 유일한 취미는 비행이었다. 큰일 날지도 모른다는 어머니의 경고에도 불구하고 대학을 졸업한 뒤 비행 훈련을 받으러 다녔다. 조종사 면허를 따는 것이 소원이지만 그 목표를 달성하는 데 필요한 요건을 완비할 능력은 없어 보였다.

찰리의 직장에 있는 한 여성이 그를 나의 웹사이트에 소개했다. 그는 선남에 대한 설명을 읽고 굴욕감을 느꼈다. 다른 사람이 어쩌면 그렇게 자신에 대해 소상하게 아는지 모를 일이었다. 그는 6개월 동안 망설이다가 드디어 용기를 내어 내게 이메일을 보냈다. 두 번째 이메일을 보내는 데는 그로부터 두 달이 더 걸렸다. 찰리는 나의 웹사이트에 처음 접속하는 순간부터 선남 그룹에 가입할 필요성을 느꼈지만 그렇게 남들 앞에 노출된다는 생각에 더럭 겁이 났던 것이다.

찰리가 인생 전환의 계기가 된 결정을 내린 것은 그 시점이었다. 자신에게 그토록 공포를 안기는 그 무엇이 있으면 그것을 똑바로 직시하고 극복할 필요가 있다는 생각이 들었다. 당시에는 잘 몰랐지만 그 결정이야말로 찰리를 정열과 인생 목적을 되찾는 길로 이끄는 여정의 시작이었다.

그 뒤로 1년 반 동안 찰리는 무서운 것이 있으면 직시한다는 한 가지 신조로만 살았다. 치료 효과는 금세 나타나지는 않았지만 꾸준했다. 기본적으로 그는 걸을 수 있을 때까지 기어가는 타입이었다. 달릴 수 있게 되기 전에는 아장아장 걸었다. 그러나 일단 발동이 걸리자 아무도 말리지 못했다.

약 8개월 동안에 찰리는 정열과 인생 목적을 되찾는 목표를 향해 몇 걸음을 떼어놓았다.

그는 '선남은 이제 그만' 그룹에서도 자기 이야기를 털어놓는 것은 물론 다른 회원들의 이야기도 들어주는 등 활발한 활동을 벌였다.

그는 자신이 체험한 무관심에 눈을 돌리게 되었고 가족들로부터 받았던, 두려움에서 기인한 왜곡된 메시지에도 눈을 돌리기 시작했다.

그는 아버지를 카운슬링에 초대했고 그 자리에서 어릴 때 자기에게 왜 그렇게 무심했느냐고 따졌다. 애인에게 돈이 없어 비행교습을 못 받는다고 구시렁거리던 버릇도 끊었다.

그는 다니던 비행학교가 원하는 교육과 장비를 제공하지 못한다는 것을 알고는 다른 비행학교로 옮겼다.

그는 엔지니어링 학위를 이용할 수 있는 다른 직장으로 옮기려고 면접을 보러 다니기 시작했다.

그는 자신이 과연 그동안 생각해 왔던 것처럼 부족한 사람인지 따져보기 시작했고, 안전하게 사는 것이 최고라는 식구들의 말이나 자신의 엔지니어 자격에 대한 뒤틀린 생각들이 옳은 것인지 따져보았다.

그는 처음에는 무척 어려워했던 애인에게 당당히 맞서 그녀가 집안일을 소홀히 하는 것 아니냐고 따졌다.

그는 혼자서 비행기를 탔고 조종사 면허를 따냈다.

그는 생일에 '선남은 이제 그만' 그룹 회원들에게 이끌려 한 레스토랑에 가서 사람들의 시선을 한몸에 받는 두려움에 과감히 직면했다.

그는 한 엔지니어링 회사에 이력서를 내고 합격했는데 그 회사는 그가 유능하고 재주가 좋으며 회사 발전에 기여할 것이라는 의견을 피력했다.

찰리가 회원들 앞에서 다른 회사에 취직했다는 사실을 발표하는 순간 나는 일대 변신의 순간을 목도하고 있다는 생각이 들었다. 찰리는 겁 많고 수동적이며 내성적인 선남에서 정열적이고 목적의식이 뚜렷한 사람으로 바뀐 것이었다.

나는 찰리에게 성공 비결을 이메일로 보내 달라고 당부했다.

여기 그의 편지를 소개한다.

밥,

제가 새 직장에 취직하게 된 경위를 간단히 서술합니다.

1) 우선 맨 처음에는, 더 이상 나를 희생하지 말아야 했습니다.

2) 먼저 한계를 설정했다. 처음에는 사소한 것들이었지만 점점 확대되어 갔습니다.

3) 한계를 설정하고 존중함으로써 내 자신에 대한 신념이 생겼

습니다.

4) 그 무렵 부수적으로 정직성을 겸비하게 되었습니다.

5) 나는 성인이고 교육을 받았으며 엔지니어의 역할을 떠맡을 자격이 충분하다는 신념을 갖게 되었습니다.

6) 나는 전에 다니던 회사 사장은 정상이 아니라는 것을 알고 있었으나 어떤 점에서는 그것이 편했습니다. 생존이라는 목적으로 내게 그런 체제가 반드시 필요한 것은 아니라는 사실을 깨닫고 받아들이는 순간 나는 마침내 회사를 옮길 수 있었습니다.

-찰리

항로를 스스로 개척하면
원하는 삶을 찾을 수 있다

선남은 물론 사람들은 대부분 원하는 유형의 삶을 만들어 가는 책임을 의식적으로 지려고 하지 않는다. 그저 자신의 현 위치를 수용하고 마치 신나고 생산적이고 충만한 인생을 개척할 힘이 별로 없는 것처럼 행동한다.

내가 선남들에게 자신의 인생을 책임져야 한다는 이야기를 하면 대체로 그 개념을 잘 이해하지 못한다. 선택을 할 수 있고 그런 선택을 현실로 만들기 위해 행동할 수 있다는 것이 그들의 패러다임에 들어맞지 않기 때문이다.

　나는 선남들에게 원하는 일을 하고 그 대가를 받는 삶을 만드는 꿈을 그려보라고 권유한다. 대다수 선남은 그 개념을 잘 이해하지 못한다. 마치 내가 옛날이야기를 믿으라는 주문이라도 한 듯한 표정들을 짓는다. 그들은 종종 "세상 사람들이 모두 박사님(나를 가리켜) 처럼 운이 좋아 자기 마음에 드는 직장을 얻고 일하는 대가를 받을 수 있는 것은 아니죠"라는 변명을 둘러대며 내 말을 무시하려 든다. 한동안은 나도 그 말이 일리가 있다고 생각했었는데 어느 날 문득 내가 살고 있는 삶은 운과는 무관하다는 생각이 들었다.

　내가 박사 학위를 받은 것은 의도적인 결단과 끈기 및 근면의 대가였지 결코 운이 아니었다.

　카운슬링 병원을 개업하여 키우기 위해서는 안정적이고 보수가 좋은 직장을 그만둬야 했으며, 부족한 수입을 메우기 위해 아르바이트를 해야 했으며, 시행착오를 통해 배우는 과정을 겪었으며, 가난한 시절을 견뎌내야 했지 결코 운이 아니었다.

　치료 전문가로서의 기술을 개발하기 위해 내가 꾸준히 성장하고 발전할 수 있다는 신념을 가져야 했으며, 내가 개발한 치료과정을 위해 금전 투자를 아끼지 않아야 했지 결코 운이 아니었다.

　책을 쓰고 웹사이트를 만들고 책을 출판하기 위해 끈기가 필요했고 여러 가지 두려움을 극복해야 했지 결코 운이 아니었다.

나는 특별한 존재가 아니다. 그저 평범한 재능을 지닌 평범한 사람일 뿐이다. 나 역시 상담하는 많은 선남들과 동일한 두려움을 많이 갖고 있다. 내가 고객들이 갖고 있지 않은 무슨 특별한 재능이나 기술을 갖고 있는 것은 아니다.

그렇다면 차이점은 무엇일까?

- 두려움에 직면하겠다는 의도적 결정
- 범용으로 만족하지 않겠다는 의도적 결정
- 내 인생은 내가 알아서 한다는 의도적 결정

당신이 존경하거나 우러러보는 어떤 사람을 생각해 보라. 그들 대다수는 필경 무無에서 시작했지만 그럼에도 불구하고 흥미롭고 생산적이며 정열적인 인생을 창조하는 방안을 찾아냈을 것이다. 그들은 운명을 스스로 개척하고 자신의 규칙을 만들었다. 무엇이 그들을 다르게 만들었는가? 그들 대다수는 자신의 인생을 스스로 책임진 평범한 사람일 뿐이다.

여기 한 가지 희소식이 있다. 그들이 할 수 있다면 당신도 할 수 있다. 내가 좋아하는 인생 신조 한 가지는 한 사람이 할 수 있는 것은 다른 사람도 할 수 있다는 것이다. 그 점을 생각해 보자.

다른 사람들이 자기 인생을 책임지고 남들에게 모범이 될 만한 인생을 개척했다면 당신도 할 수 있다. 원하는 삶을 찾지 못하도록 가로막는 유일한 것은 바로 당신 자신이다. 이제 스스로 규칙을 정하고 인생을 개척하여 꿈을 현실로 바꿀 때가 되었다.

행동요령 40

아래 리스트를 보자. 한 항목을 골라 자신의 생활에서 구체적으로 느끼는 두려움을 적는다. 그 특정 문제에 어떻게 대처할 것인지 방법을 적는다. 그런 다음 조금씩 그 두려움에 맞선다. 다른 사람들에게 격려와 지원을 부탁한다. 절대로 혼자 하겠다는 생각을 해서는 안 된다. 무슨 일이 있어도 꼭 해낼 수 있다는 신념을 가질 것.

- 승급이나 승진을 요구한다.
- 못마땅한 직장을 그만둔다.
- 자기 사업을 시작한다.
- 학업을 재개한다.
- 갈등 상황에 맞선다.
- 자신이 만들어 낸 어떤 이념이나 그 무엇을 촉진한다.
- 평생의 목표를 추구한다.
- 취미생활 시간을 늘인다.

매사를 똑바로 하겠다는 생각을 버리면
원하는 삶을 찾을 수 있다

원래 '선남은 이제 그만' 그룹을 처음 만든 뒤 회원들에게 나눠주려고 계획했던 글 몇 장^章이 모여 이렇게 책으로 발전했다. 처음에 어떤 현안이나 목표가 없었을 때 나의 글은 선남 신드롬에 대해 터득하는 지혜를 그때그때 기록해 놓은 것에 불과했다. 머지않아 고객과 가족 회원들이 나보고 책을 써보라고 했다. 그건 내가 이미 하고 있던 일의 자연스러운 연장선인 것 같아서 아주 자연스럽게 받아들였다.

바로 그 시점에서 뭔가 변화가 일어나기 시작했다. 몇몇 고객을 위해 적어 놓은 몇 가지 지혜와 예증에 그치는 것이 아니라 책으로 만들어 널리 유포할 만한 가치를 지닌 그 무엇을 만드는 쪽으로 나의 노력이 방향을 잡은 것이다. 사람들이 '베스트셀러' 운운하면서 오프라 인프리 쇼에 나가 '갑부'가 되느니 어쩌니 하는 소리들을 하기 시작했다.

그 전만 해도 별로 힘들지 않은, 내가 좋아서 하는 일이었던 것이 사람들의 기대감에 짓눌리면서 휘청거리기 시작했다. 사람들이 말하는 거창한 기준에 어울리려면 내 책은 잘 만들어져야 했다. 그것도 그냥 좋은 것으로 족한 것이 아니라 완벽해야 했던 것이다. 그런 목표가 설정되면서 나는 책을 완성하기 위해 6년을 끙끙거려야 했다. 그 기간에 친구와 가족들이 가장 많이 던진 질문은 "책 언제 나와요?"였다.

그 긴 세월 동안 내 원고는 전반적인 편집 작업은 물론 적어도 세 차례의 대대적인 수정을 거쳤다. 책을 끝내는 데 그렇게 긴 시간이 걸린 데는 여러 가지 이유가 있었지만 가장 큰 이유는 내가 책을 완벽하게 내야겠다고 마음먹은 것이었다.

이 책은 완벽해야만 출간할 수 있다고 생각했다. 누가 사더라도 완벽해야만 판매할 가치가 있다고 생각했다. 어떤 독자가 됐든 도움을 주려면 완벽해야 한다고 생각했다.

불행하게도 그런 터무니없는 생각이 여러 가지 부작용을 불렀다. 나는 선남 신드롬에 대해 내가 아는 것을 모두 적어야 한다고 생각했다(이 책의 오리지널 원고는 아마 현재 분량의 네 배는 됐을 것이다). 문장도 멋지게 써야 한다고 생각했다. 텍스트에 일체의 하자가 있어서는 안 된다고 생각했다.

나는 책을 끝내지 못하는 이유를 알아내기 위해 상담 치료까지 받았다. 우리 집 아이들은 크게 실망한 나머지 내가 평생 책을 끝내지 못할 것이라고 말했다. 아내는 책을 끝내지 못하면 헤어지겠다고 반 협박조로 나왔다.

여러 해 동안 좌절의 세월을 보내다가 마침내 돌파구가 마련되었다. 어떤 현명하신 분이 책을 출간하지 않아도 좋다는 면죄부를 내 스스로 발부하라고 말한 것이다. 나는 곧바로 안도감을 느꼈다.

　나는 몇 사람이 인생을 좀 더 잘 살 수 있도록 도움을 줄 몇 가지 지혜를 제공하겠다는 내 원래의 목표에서 빗나갔다는 것을 깨달았다. 일단 책을 출판해 베스트셀러 작가가 되고 오프라 윈프리 쇼에 출연한다는 짐을 벗어던지자 모든 것이 달라졌다. 나는 최초의 목표로 돌아갔다. 그때부터 글을 쓰면서 내 자신에게 한 가지만 물었다.

　'이것이 고객들이 자신의 문제에 대한 해답을 찾는 데 도움이 될 것인가?'

　나는 또 책을 끝내지 못하면 고객들이 내가 터득한 지혜의 혜택을 보지 못할 것이라는 점을 수시로 상기했다.

행동요령 41
당신이 인생에서 진정으로 바라는 것은 무엇인가? 그것을 구현하지 못하도록 막는 것은 무엇인가? 평생 해보고 싶은 일 세 가지를 적는다. 그런 다음 그것을 자신 있게 할 수 있다는 자기 최면 문구를 적어 눈에 띄는 곳에 붙여놓는다. 꿈과 자기 최면 문구를 안전한 사람과 함께 공유한다.

행동요령 42

매사를 올바르게 하려는 강박관념이나 완벽주의는 정열과 잠재력을 구현하는 데 어떤 식으로 방해가 되는가? 전부터 늘 해보고 싶었던 일 한 가지를 고른다. 책을 쓴다든가, 취미를 사업으로 키운다든가, 이사를 간다든가, 학업에 복귀한다든가 등등.

이제 자신에게 묻는다. 그 노력이 성공하리라는 것을 미리 알았다면 그래도 할까 말까 망설였을까? 그런 식으로 미리 알고 있었다면 그 일을 완벽하게 착수할 마음이 생겼을까? 또는 이미 시작한 일을 완성할 수 있었을까? 실패할 가능성이 전혀 없다는 것을 미리 알았다면 어떤 위험을 무릅썼을 것인가? 당신은 무엇을 기다리는가? 완벽하게 해야 한다는 강박관념을 버리고 그냥 하라!

완벽하게 책을 써야 한다는 생각을 일단 버리자 모든 것이 아귀가 딱딱 맞아 떨어졌다. 결국 책을 완성했다. 고객들이 덕분에 자기 인생이 달라진다고 보고했다. 치료 전문가들이 환자용으로 쓴다며 책을 달라고 했다. 라디오 토크쇼 진행자나 신문 잡지 기자들의 인터뷰 요청이 줄을 이었다. 나는 에이전트를 기용했다. 출판사들이 나를 쫓아다니기 시작했다.

똑바로 해보겠다는 생각은 내가 쓰고자 했던 책의 생명만

빨아먹었을 뿐이다. 그런 부담을 떨궈버리고 그저 '괜찮은' 정도로 만족하자고 생각하자 비로소 정열이 샘솟으면서 항구적 가치를 지닌 그 무엇을 만들 수 있었다. 이 원칙은 치료 중인 선남의 생활 모든 구석에 그대로 적용된다.

도움을 요청하는 법을 익히면
원하는 삶을 찾을 수 있다

선남이 잠재력을 최대한 살리지 못하는 중요한 이유는 모든 것을 스스로 해야 한다고 생각하기 때문이다. 필이라는 선남이 좋은 예가 되겠다.

필의 인생 목표는 부자가 되는 것이었다. 그는 일견 유리한 조건을 지닌 듯했다. 외모가 헌칠하고 지적이며 사교적인 데다가 유머 감각까지 갖췄다. 그럼에도 불구하고 늘 거창한 목표와 꿈을 달성하지 못하는 것 같았다. 지름길을 찾는다든가, 꾸물거린다든가, 과연 자신이 원하는 것을 가질 말한 자격이 있느냐는 점에 대한 불안 등이 언제나 방해 요인이 됐다.

아마도 필의 최대 장애물은 남에게 도움을 요청할 줄 모른다는 점이었으리라. 필은 남의 도움을 얻는 것에 대해 아주 잘못된 생각들을 품고 있었다. 자신이 무엇을 필요로 하느냐가

남에게는 중요한 문제가 아니라고 생각했다. 자신의 필요 충족을 피할 수 있는 가장 확실한 방법은 직접적으로 명확하게 요청하는 것이라고 생각했다.

'선남은 이제 그만' 그룹 모임에 나온 어느 날 필은 아내와 충분한 육체적 사랑을 나누지 못한다고 푸념했다. 혹시 아내에게 섹스를 하고 싶다는 말을 해보았느냐고 물었더니 그런 말은 한 적이 없다고 했다. 나는 또 아내가 그와 섹스를 하고 싶어할 것 같으냐고 물었다. 그 질문에 대한 대답도 부정적이었다.

나는 그가 섹스를 즐기지 못하는 것은 그보다 더 큰 문제, 다시 말해 자신의 필요가 중요하다는 것과, 다른 사람들이 그의 필요 충족을 위해 돕고 싶어한다는 점을 믿지 않는 의식구조의 증세라고 말했다. 그가 잘못된 생각들 때문에 원하는 삶을 살지 못하고 있으니 그것을 고치려면 우선 성욕에 대한 생각을 고쳐야 할 것이라고 말했다.

다음 주 모임에 나온 필은 좋아서 싱글벙글 웃느라 입을 다물지 못했다. "집사람과 섹스를 했어요." 흐뭇한 표정으로 그가 말했다. 회원들이 다같이 기뻐해 줬다. 모두들 어떻게 해서 그렇게 됐는지 알고 싶어했다. "그냥 하자고 했죠." 간단한 대답이었다. 성교가 끝난 뒤 아내의 반응이 어땠느냐고 물었다.

"좋아하더군요. 자기도 나와 섹스를 하는 것이 좋기는 한데 내가 하도 오랫동안 하자는 말을 안 하길래 별 관심이 없나 보다, 그렇게 생각했대요."

1주일 후 필은 집의 낡은 창틀을 갈기 위해 장인에게 돈을 빌려야겠는데 말을 차마 못하겠다고 회원들에게 말했다. 일부 회원들이 비용이 얼마나 드느냐고 물었다. 자기도 그런 일을 치러 본 적이 있다고 말하는 사람도 있었다. 나는 필에게 회원들에게 도움을 청해 보라고 말했다. 그건 마치 이 뽑으러 치과 가는 것만큼이나 싫은 일이었지만 어쨌든 필은 회원들에게 자기 집 창틀 수리작업을 도와 줄 수 있느냐고 물었다. 그러자 회원들은 이구동성으로 그러겠다고 대답했다. 그로부터 한 달 뒤 회원들은 필의 집에 모여 대공사라도 하듯 법석을 떨었다.

이 두 가지 경험은 필에게 엄청난 영향을 미쳤다. 그는 자신의 필요가 중요하다는 것과 사람들이 자기를 도와주려 한다는 것, 그리고 사람들의 도움을 가장 확실하게 얻는 방법은 부탁하는 것이라는 사실을 깨닫기 시작했다.

필은 이 새 패러다임을 구축하기 시작했다. 몇 주가 지나지 않아 그는 회원들 앞에서 자기 사업을 해보겠다는 계획을 발표했다. 집안에서 아는 어떤 사람으로부터 도와주겠다는 제의가 들어와 조경사업을 시작해 볼 생각이라고. 사업의 계절적 특성상 일거리가 없는 겨울에는 평생의 소원인 스노보딩 강습을 할 수 있기 때문에 그는 매우 들떠 있었다.

한 오랜 친구가 자금을 대주겠다고 제의했다. 그의 아내는 의료보험이 되는 직장에 일자리를 알아보겠다고 말했다. 그룹 회원들은 그가 사업계획을 세우고 장부 적는 것을 돕겠다고 제의했다.

필이 세상만사를 혼자 하려고 하는 한 원하는 것을 얻지 못해 끙끙거리기만 했을 것이다. 그러나 일단 남의 도움을 부탁하고 도움을 받자 인생이 바뀌기 시작했다. 그는 이제 늘 꿈꿔오던 인생과 직업을 창조하는 방향으로 나아가고 있다.

행동요령 43

자신의 필요가 중요하다고 생각하는가? 다른 사람들이 당신의 필요 충족을 돕고 싶어한다고 생각하는가?

지금 당장 자신을 도와 줄 수 있는 사람들 이름을 적는다. 친구나 가족일 수 있고, 의사, 변호사, 회계사 같은 전문 직업인일 수도 있다. 리스트를 만든 뒤 다음 질문에 답한다.

• 어떤 유형의 조력자가 여전히 필요한가?
• 이 조력자들을 좀 더 효과적으로 이용하는 방법은?
• 이들이 자신을 돕지 못하도록 어떤 식으로 방해하는가?

그 사람들에게 도움을 요청할 기회를 찾기 시작하라. 인맥을 짠다. 도움을 청하기 전에 먼저 '이 사람은 나의 필요 충족을 돕고 싶어한다'고 자기 최면을 건다.

자기 태만적인 행동들을 파악하면
원하는 삶을 찾을 수 있다.

이 장의 앞부분에서도 언급했듯이 선남은 성공을 훼방 놓기 위한 갖가지 창조적 방법을 찾아낸다. 시간을 낭비하고, 꾸물거리고, 일을 시작하되 마무리 짓지를 않고, 다른 사람의 일을 해결하는 데 너무 많은 시간을 추자하고, 쓸데없는 데 신경 쓰느라 자기 일을 태만히 하고, 혼란을 만들어 내며 핑계를 만든다.

샐이 좋은 예다. 샐은 수동적인 아버지와 정신분열증에 걸린 어머니의 슬하에서 자랐다. 부모는 그에게 신경을 써주지 않았다. 아주 어릴 때부터 그는 동생의 양육을 도맡았다. 사실상 다른 선택은 주어지지 않았다. 겁이 나거나 엄두가 나지 않을 경우에는 그저 몸을 웅크리고 묵묵히 앞만 보고 걸을 뿐이었다.

성인이 된 샐은 작은 아버지의 카센터를 운영했다. 작은 아버지는 인색하고 근시안적이며 사장이면서도 사업에는 별 관심을 갖지 않았다. 한정된 자원과 불만에 찬 종업원들을 데리고 장사를 해서 이문을 남기는 것은 샐의 몫이었다.

매주 그룹 모임에 와서 샐이 가장 먼저 하는 일은 직장에서 골치 아픈 일을 해결하느라 받은 스트레스 때문에 생긴 두통을 달래기 위해 타이레놀 두 알을 입안에 넣는 것이었다. 한번은 샐에게 직장 상황을 개선할 가능성을 알아보고 싶지 않느냐고 물었다.

"그래봐야 무슨 소용이겠어요? 어떻게 할 도리가 없어요."

약 15분 동안 회원들은 여러 가지 질문을 던지면서 아이디어를 내놓았다. 샐은 마치 마취도 하지 않고 치과 치료를 받는 사람 같은 표정이었다.

"주어진 것만 갖고 일하기가 얼마나 어려운지 작은 아버지께 직접 말해보셨소?"

"해봤죠. 그분은 관심도 없어요."

"직원들 사기 진작 차원에서 이윤을 나눠 갖자고 하는 건 어때요?"

"우리 작은 아버지가 워낙 인색해서요. 절대 찬성하지 않을 겁니다."

"일이 그렇게 부대끼면 사람을 하나 쓰지 그래요?"

"그것도 해봤는데 소용이 없더라고요."

"그럼 경영 업무는 때려치우고 다시 자동차 도장작업이나 하는 건 어떻겠소?"

"돈이야 더 벌겠지만 건강에 너무 안 좋거든요."

"자동차 일만 하지 말고 다른 일을 해볼 수도 있지 않을까?"

"예를 들면요? 집은 은행에 저당 잡혀 있고, 마누라에다 애가 둘이나 있는 걸요. 무슨 수로 이제 와서 새 출발을 하겠습니까?"

"댁의 꿈은 뭐요? 이상적인 직업은요?"

샐은 이 대목에서 한동안 뜸들인 후 입을 열었다.

"전 오래 전부터 무술을 가르치고 싶었어요. 하지만 전혀 현실성이 없는 이야기죠. 저녁에도 일하고 주말에도 일해야 할 테니. 아내가 절대 찬성하지 않을 겁니다. 그리고 아이들과도 자주 떨어져 지내야 할 테고."

질문과 제안이 계속 이어지면서 샐은 점점 더 긴장해 가는 표정이 역력했다. 그의 두 눈에는 마치 게슈타포에게 신문이라도 당하는 사람처럼 공포의 빛이 서려 있었다. 가능한 대안을 탐구하는 것이 오히려 그의 두려움을 악화시키고 그로 하여금 마음의 문을 닫게 만들기만 한다는 것이 명백해지자 회원들은 마침내 입을 다물었다. 나중에 샐은 그때 경험을 두고 "집단 린치를 당하는 기분이었다"고 말했다.

대체로 선남은 남에 의해 피해를 당하기보다는 자기 스스로 피해자가 되는 경우가 많다. 샐의 태도와 행동을 보면 직장에서 성공이나 만족을 절대로 얻지 못하리라는 것은 불을 보듯 뻔했다. 스트레스에 시달리며 승산 없는 상황에 틀어박혀 있는 것이 그에게는 오히려 더 편했다.

나의 치료를 받는 선남들은 어느 순간 자신을 태업하는 일을 멈추는 의식적 결단을 내려야 했다. 선남 신드롬에서 벗어나는 데는 이것이 매우 중요하다 인생과 직장에서 원하는 것을 얻으려면 선남은 자기의 앞길을 자기가 방해하는 일이 없도록 결단을 내려야한다.

행동요령 44

자신을 어떤 식으로 방해하는지 파악한다. 그 패턴을 파악한 다음에는 진정으로 원하는 것을 얻기 위해 그 행동을 어떻게 바꿔야 좋을지 생각한다. 아래의 각 항목을 검토하면서 방해성 행위를 중지하고 목표를 성취하는 데 도움이 될 특정 행동을 파악한다.

- 집중한다.
- 당장 행동을 취한다.
- '완벽'을 지향하지 말고 '이 정도면 됐다' 수준에서 받아들인다.
- 시작한 것을 마저 끝낸다.
- 기왕의 프로젝트가 완료되기 전에는 다른 프로젝트를 시작하지 않는다.
- 변명하지 않는다.
- 타인의 문제에 개입하지 않는다.

자신의 전략을 안전한 사람과 의논한다. 그것을 제대로 하고 있는지 그와 정기적으로 점검한다(이것을 게을리 하는 것 역시 자신을 방해하는 행위가 된다).

그렇게 하는 한 가지 방법은 변화에 대한 생각을 바꾸는 것이다. 그러려면 우선 자신이 무의식적으로 왜 그렇게 많은 장벽을 세워 놓고 그 안에 갇힌 느낌을 자초하는지 이유를 파악해야 한다. 은행 저당, 처자식, 학력 미달, 부채 등은 모두 변명에 불과하다. 생활 방식을 크게 바꾸기 위해 반드시 그런 것을 모두 버려야 하는 것은 아니다. 그 변명거리들의 실체를 똑바로 보면서 가고자 하는 방향으로 천천히 걸음을 내디디면 되는 것이다.

예컨대 샐은 우선 일주일에 하루 저녁만 무술을 가르치는 것으로 시작할 수 있다. 훗날 직장을 바꿀 수 있도록 개인 채무를 변제해 나가는 일부터 시작할 수 있다. 만족스럽지 않은 시시껄렁한 행위들에 보내는 시간의 초점을 새로 맞출 수 있다.

행동요령 45

잠시 이 책을 내려놓고 눈을 감는다. 두세 차례 숨을 깊이 들이마신 뒤 천천히 내쉰다. 머릿속을 깨끗이 한다.

일단 긴장이 풀리면 풍족한 세계에서 살고 있다고 상상한다. 이 풍족한 세계에서는 어떤 제약이나 제재가 없다. 좋은 것들이 끊임없이 당신의 곁으로 흘러간다. 갖고 싶었던 좋은 것들을 실컷 상상한다. 자동차, 집, 친구, 사랑, 기쁨, 돈, 성공, 마음의 평화, 도전 등. 그런 풍요 속에서 사는 모습을 상상해 본다.

이런 상상이 실제처럼 느껴지도록 매일 수시로 반복한다. 두 팔과 마음, 그리고 정신을 연다.

좀 더 정확한 세계관을 개발하면
원하는 삶을 찾을 수 있다

왜 다른 사람의 떡이 늘 크게 보이는 걸까? 더 많은 돈과 좋은 일자리, 멋진 자동차, 더 예쁜 마누라 등등. 여러분은 이런 사람들이 부러운가? 내가 갖고 있지 않은 것을 그가 갖고 있어서 화가 나는가? 나의 차례는 언제쯤 올지 궁금한가?

선남은 어린 시절에 겪은 체험 때문에 궁핍 망상증에 지배되는 경향이 있다. 세상에는 모든 것이 정해진 일정량만 존재하기 때문에 다른 사람이 이미 많이 갖고 있으면 자신의 몫은 적을 수밖에 없다고 생각한다.

선남은 우리가 풍족하고 늘 팽창하는 우주에서 살고 있다는 개념을 잘 받아들이지 못한다. 물자란 늘 부족하게 마련이라고 생각한다. 이미 갖고 있는 것을 놓쳐 버리면 다시는 구하지 못할 것이라는 노파심에서 자기 것을 악착같이 지키려든다. 세상에 남아 있는 약간의 것이나마 사라지지 않도록 하기 위해 통제하고 조종해야 한다고 생각한다. 자신의 필요가 늘 충족되는 것은 아니라는 점을 알기 때문에 안전 제일주의로 나간다.

이 같은 궁핍의 패러다임을 잘 보여주는 선남은 러셀이다. 세일즈맨으로서 잘 나가는 러셀은 백만 달러까지는 안 돼도 꽤 버는 편이다. 공제액을 뺀 실 수령액의 40퍼센트를 꼬박꼬박 저금하거나 주식투자에 쓴다. 은행 예금 잔고는 최소 3만 달러를 유지한다. 러셀은 돈은 벌 만큼 벌었지만 궁핍하다는 생각을 떨치지 못해 예산에 들어있지 않다는 이유로 아내가 아이들에게 9달러짜리 비디오테이프를 사주려는 것을 못 사게 막았다.

돈과 관련된 러셀의 궁핍 망상증에는 그의 일반적 세계관이 반영돼 있다. 그의 아버지는 구두쇠이고 매우 엄했다. 어린 러셀의 생각에 아버지는 다른 두 형제는 칭찬하고 편애하면서 자기만 따로 못살게 구는 것 같았다. 아버지는 나중에 숨을 거둘 때 유언장에서 러셀의 이름을 아예 빼버리고 그 몫을 교회에 기증했다. 러셀이 궁핍의 먹구름이 낀 렌즈로 세상을 바라보는 것도 무리는 아니었다.

세계를 풍요의 장소로 바라볼 때 비로소 우리는 세상에는 만인이 풍족하게 가질 만큼 모든 것이 풍부하다는 것을 깨닫게 된다. 우리가 필요로 하는 모든 것은 우리 곁으로 흘러간다. 우리가 할 일이라고는 오로지 좁은 생각에서 벗어나 그것이 자연스레 흘러가도록 내버려두는 것이다.

주변의 물질적 풍요를 둘러보라. 사람들이 몰고 다니는 자동차, 그들이 사는 집, 그들이 즐기는 여행. 우리가 사는 이 세상이 만들어 내는 물자의 풍부성에 대해서는 이론의 여지가 없다. 다른 사람들이 풍족하게 살고 있는데 당신이라고 못할 이유가 뭔가. 한 사람이 할 수 있는 것은 다른 사람도 할 수 있다는 말을 명심할 것.

- 백만 달러를 버는 사람이 있는데 나라고 못할 이유가 뭔가?
- 꿈의 사업을 시작하는 사람이 있는데 나라고 못할 이유가 뭔가?
- 벤츠를 타고 다니는 사람이 있는데 나라고 못할 이유가 뭔가?
- 거지같은 일자리를 때려치우고 좋은 일자리는 구하는 사람이 있는데 나라고 못할 이유가 뭔가?
- 스노보딩 강사가 되는 사람이 있는데 나라고 못할 이유가 뭔가?

유감스럽게도 세상은 우리가 받을 준비가 돼 있지 않는 것을 주지는 않는다. 궁핍 망상증에 걸린 사람은 자신이 소유한 것에 악착 같이 매달리기 때문에 더 이상 수용할 여지가 없다. 필의 경험처럼 우리가 원하는 것을 요청하고 그것을 받을 날을 고대할 때 그것은 어떻게든 우리 손에 들어올 것이다.

행동요령 46

아래의 규칙을 잘 읽어 본다. 시험 삼아 몇 가지를 해본다. 여기에 자신의 규칙을 첨가한다. 이 규칙들을 카드에 적은 다음 수시로 볼 수 있도록 눈에 잘 띄는 곳에 붙여 놓는다.

- 무서운 일을 한번 해본다.
- 자족하지 않는다. 자족하면 자족하는 바로 그것밖에 얻지 못한다.
- 자신을 먼저 챙긴다.
- 어떤 일이 일어나도 감당할 수 있다.
- 어떤 일을 하더라고 100퍼센트 제대로 한다.
- 늘 해오던 식으로만 하면 늘 얻어 오던 결과밖에 얻지 못한다.
- 지구상에서 자신의 필요, 욕구, 행복을 책임질 수 있는 사람은 오직 자신밖에 없다.
- 원하는 것을 요구한다.
- 어떤 방법이 통하지 않으면 다른 방법을 쓴다.
- 명확하게 직접적으로 말한다.
- 거절하는 법을 배운다.
- 변명하지 않는다.
- 성인이라면 자신의 규칙을 만들 수 있어야 한다.
- 다른 사람의 도움을 받아들인다.

- 자신에게 솔직해진다.
- 다른 사람들에게 무시당하고 가만있지 말라. 절대로.
- 나쁜 상황이 개선되기를 가만히 기다리지 말고 빠져 나온다.
- 용인할 수 없는 것은 용인하지 않는다. 절대로.
- 남을 탓하지 않는다. 희생자는 성공하는 법이 없다.
- 성실하게 산다. 옳다고 생각되는 대로 행동한다.
- 자신의 행위로 인한 결과에 대해 책임을 진다.
- 자신을 잘 대접한다.
- 풍요를 생각한다.
- 어려운 상황과 마찰에 정면으로 대응한다.
- 무슨 일이든 남몰래 하지 않는다.
- 지금 당장 한다.
- 원하는 것을 얻을 수 있도록 현재 갖고 있는 것을 기꺼이 내준다.
- 즐긴다. 재미를 못 느낀다면 뭔가가 잘못된 것이다.
- 실패해도 좋다고 생각한다. 실수란 없다. 다만 배움의 경험만 있을 뿐이다.
- 통제란 망상이다. 내버려둔다. 인생이 흘러가는 대로 산다.

원하는 삶을 찾아라

선남은 모든 행동을 지배하는 일련의 법칙이 있다고 믿는다. 그 법칙을 알아내 제대로 따르기만 하면 순탄하고 행복한 삶을 살 수 있을 것이라고 생각한다. 또 그런 법칙을 발견해 순종하지 않으면 끔찍한 결과가 올 것이라고 생각한다.

열정과 목적을 발견하려면 어떤 것이 유효하고 어떤 것이 유효하지 않은지 알아내야 한다. 성숙하고 성공한 사람은 스스로 법칙을 세운다. 어떤 법칙의 잣대는 오직 한 가지, 효력이 있느냐는 것이다.

내가 운영하는 '선남은 이제 그만' 그룹의 회원들은 오랜 세월 자신에게 통하는 여러 가지 법칙을 발견했다. 그 법칙들 덕분에 그들은 열정을 찾고 잠재력에 걸맞은 생활을 할 수 있었다. 그 법칙들 덕분에 진정으로 바라는 인생과 직업을 얻을 수 있었다.

이제 당신이 원하는 것을 얻을 때가 됐다. 선남 신드롬에서 탈출하면 진정한 정열과 잠재력을 찾을 수 있을 것이다. 진정으로 바라는 인생을 만들어 가는 책임을 스스로 짐으로써 자신의 원래 모습을 모두 찾을 수 있다.

내가 이 책을 다 쓰는데 6년이 걸렸다. 그 기간에 수많은 선 남과 그들의 파트너를 접했다. 나는 매주 평균 3회 '선남은 이 제 그만' 그룹 모임을 주최한다. 그룹을 상대한 시간만 따져 봐 도 선남들과 1천8백 시간 이상을 함께 보낸 셈이다. 그 긴 시간 동안 나는 흥미롭고 의미심장한 일들을 많이 관찰했다.

나는 수많은 남성들이 무기력하고, 수동적이고, 통제하려 들 고, 적개심을 품은 희생자에서 능력을 부여받은 원만한 사람으 로 탈바꿈하는 광경을 지켜봤다.

나는 수많은 사람들의 관계가 그야말로 한 편의 드라마처럼 좋게 개선되는 것도 봤고, 또 그와는 반대로 진작 끝났어야 할 그만큼의 많은 관계가 종을 치는 모습도 봤다.

자신들의 생활을 바꿔 줘서 고맙다고 인사를 하거나 편지를 보내는 남녀도 많았다.

나의 웹사이트를 방문해 선남에 대한 설명을 읽은 뒤 본인 이나 사랑하는 사람이 거기에 해당된다는 것을 알게 된 세계 각국의 수많은 사람들로부터 여러 가지 반응이 들어왔다.

그 모든 것을 관찰한 결과 얻게 된 나의 최대 발견은 이 책에 소개된 도구와 지혜가 효험이 있다는 것이다.

이 책을 다 읽은 독자는 처음부터 다시 한 번 읽어 보기를 권한다. 시간을 내 행동요령 훈련을 한 번 해보시라. 선남 신드롬 치료여행에서 자신을 도와 줄 안전한 사람이나 그룹을 아직 구하지 못한 사람은 빨리 그렇게 하시라. 혹시 어떤 사람과 깊은 관계를 맺고 있다면 그 파트너에게도 이 책의 일독을 권하라. 여러분이 자신에 대해 발견한 지혜를 그(녀)와 함께 나누라.

이 책에 소개된 치료 프로그램을 따라 해보는 것은 여러분이 자기 자신과 사랑하는 사람에게 줄 수 있는 최선의 선물이다. 자신을 인정하는 법을 배우면서 자신의 내부에서 사랑하고 사랑받고 인생을 최고로 향유할 수 있는 엄청난 능력을 발견하게 될 것이다. 이처럼 시야가 확대되는 것이 처음에는 무서울 수도 있지만 그것이야 말로 여러분의 진정한 원래 모습이다.

자신의 진정한 모습을 발견하면 동시에 무제한의 자유를 누릴 수 있다. 자신의 원래 모습대로 사는 자유, 남의 눈치를 살피지 않는 자유, 자신이 바라는 것을 마음대로 얻는 자유.

잘난 놈 심리학

발행일 2022년 2월 25일 개정판 1쇄
　　　 2023년 4월 10일 개정판 3쇄

지은이 로버트 A. 글로버
옮긴이 최한림
발행인 고영래
발행처 (주)미래사

주소 서울시 마포구 토정로 195-1 정우빌딩 3층
전화 (02)773-5680
팩스 (02)773-5685
이메일 miraebooks@daum.net
등록 1995년 6월 17일(제2016-000084호)

ISBN 978-89-7087-141-7 (03190)

✻ 가격은 뒤표지에 있습니다.
✻ 잘못 만들어진 책은 구입처에서 바꾸어 드립니다.